사회 선생님이
들려주는
경제 이야기

사회 선생님이
들려주는
경제이야기

ⓒ 전국사회교사모임, 2008

초판 1쇄 2008년 11월 10일 펴냄
초판 11쇄 2021년 5월 3일 펴냄

지은이 | 전국사회교사모임
펴낸이 | 강준우
기획·편집 | 박상문, 고여림
디자인 | 최진영
마케팅 | 이태준
관리 | 최수향
인쇄·제본 | 제일프린테크

펴낸곳 | 인물과사상사
출판등록 | 제17-204호 1998년 3월 11일

주소 | (04037) 서울시 마포구 양화로7길 6-16 서교제일빌딩 3층
전화 | 02-325-6364
팩스 | 02-474-1413

www.inmul.co.kr | insa@inmul.co.kr

ISBN 979-89-5906-097-9 43320

값 12,000원

사회 선생님이 들려주는 경제이야기

| 전국사회교사모임 지음 |

한울과
사상사

 머리말

시장에 대한 관심은 그 어느 때보다 높지만, 시장에 대해 올바르게 이해하고 있는 사람은 많지 않습니다. 그래서 지금부터 우리는 시장에 대해 알아보려고 합니다.

우리 삶에서 시장은 많은 역할을 하고 있습니다. 시장은 인류가 발명해낸 똑똑하고 효율적인 제도로써 자기 역할을 하고 있습니다. 하지만 똑똑하다고 해서 모든 일을 다해낼 수는 없는 법입니다. 시장이 하지 못하는 일, 시장이 해서는 안 되는 일도 있습니다. 그러니까 시장이 똑똑하게 잘할 수 있는 일과 그렇지 않은 일을 구별하는 것이 필요합니다.

이 책은 시장을 바르게 알고, 시장이 잘할 수 있는 일과 그렇지 않은 일을 분별하는 눈을 키우는 데 보탬이 되고 싶은 사회 선생님들의 마음을 담아 만들었습니다.

이 책의 1장은 시장에 대한 이야기입니다. 시장이 무엇이고 어떤 일을 하는지, 시장에 맡기면 잘할 수 있는 일은 무엇이고, 또 그렇지 않은 일은 무엇인지 알 수 있습니다.

2장은 집과 땅에 대한 이야기입니다. 우리 사회의 부동산 투기 열풍이나 높은 부동산 가격은 이미 많은 이들이 공감하는 심각한 문제입니다. 이 문제를 해결하기 위해 어떤 이들은 똑똑한 시장에 전적으로 맡기면 될 것이라고 주장합니다. 반면 어떤 이들은 집과 땅을 나누는 문제의 해결을 지나치게 시장에 의존해왔기 때문에 문제가 심각해지고 있다고 주장합니다. 이 책을 쓴 사회 선생님들은 무엇보다 집과 땅은 삶의 기본적인 조건과 관련되어 있기에 전적으로 시장에만 맡기는 것은 좋지 않은 결과를 가져온다고 생각합니다. 2장을 읽으면서 집과 땅에 대해 깊이 생각해보는 기회를 갖기 바랍니다.

3장은 노동에 대한 이야기입니다. 사람은 누구나 노동을 하며 살아갑니다. 자기 자신을 위해, 다른 사람을 위해 노동을 합니다. 노동이 정당한 평가를 받기 위해 우리 사회는 어떤 제도와 규칙들을 만들어왔을까요? 어떻게 해야 노동이 정당한 평가를 받을 수 있을까요? 이와 관련된 문제들도 시장에 맡겨두어서는 제대로 해결되지 않습니다. 지금까지 많은 이들이 노력한 덕분에 최저임금제나 8시간 노동과 같은 것들이 우리 사회의 약속으로 자리 잡았습니다. 이것은 시장 이상의 것이 이 문제에 개입되어 있다는 뜻이기도 합니다. 3장을 읽으면 잘 알 수 있습니다.

이 책의 1장은 2장과 3장을 위한 준비 단계로 생각하며 읽을 수도 있고, 큰 틀에서 시장에 대해 생각해보는 차원에서 읽을 수도 있습니다. 먼저 1장을 읽고 2장과 3장은 관심 가는 대로 순서를 정하여 자유롭게 읽을 수 있습니다.

여러분은 이 책에 밑줄 그으며 읽을 수도 있을 것입니다. 하지만, 의심하고 질문을 던지고 반론을 제기하며 읽는다면 더욱 기쁘겠습니다. 이 책을 쓰기로 처음 마음먹었을 때 우리의 마음도 그러했습니다. 지금까지 듣고 읽었던 시장에 대한 이야기를 의심하고, 그것에 대해 질문을 던지고 반론을 제기한 결과가 바로 이 책입니다. 그러니 여러분도 마음껏 질문하시기를! 태초에 질문이 있었고, 그 질문에 대한 답을 찾아가는 과정에서 인류는 이

만큼 발전해왔습니다. 질문이 이어지고, 더 좋은 답은 없을까를 계속해서 찾아왔기 때문이지요.

인간 세상에 변하지 않는 것은 없습니다. 제도도 규칙도 다 우리가 만들었습니다. 지금까지 인류의 선조들이 그렇게 해왔듯이 우리는 더 좋은 제도와 규칙을 찾아갈 것입니다. 이 책이 그 질문들과 함께할 수 있다면 더없는 영광이겠습니다.

2008년 11월

박현희

1장

시장

시장이 뭐야

모든 곳이 시장이다

시장 하면 뭐가 가장 먼저 떠오르나요? 많은 사람, 많은 물건, 시
끌벅적함 ······.

어릴 때 엄마 손잡고 동네 시장에 가본 적이 있지요. 우리는 시
장에 왜 가는 걸까요? 당연히 필요한 물건을 사기 위해 갑니다.
시장은 우리들이 필요한 물건을 사고팔기 위해 모이는 곳입니
다. 그럼 시장에 관한 문제를 하나 풀어볼까요?

다음 중에서 시장이 아닌 것은?

● 동네 시장 ● 대형마트 ● 패스트푸드점 ● 약국

● 놀이공원 ● 지하철 ● 인터넷 쇼핑몰

정답은 '없다' 입니다. 왜냐고요? 여기서는 모두 사고파는 일 즉, 거래가 이루어지고 있거든요. 시장을 이해하는 가장 중요한 말은 '거래' 입니다. 그래서 모두 시장입니다.

시장이라고 하면 사람들이 많이 모여 소란스럽게 과일이나 옷, 생선 등을 사고파는 곳이라고 생각합니다. 남대문시장 같은 큰 시장이나 가까운 동네 시장처럼요. 그럼 백화점이나 대형마트는 시장이 아닌가요? 여기서도 물건을 사고파는 일이 이루어지니 시장입니다. 패스트푸드점, 약국도 마찬가지죠. 놀이공원과 지하철도 역시 시장이지요. 우리가 돈을 내면 그것을 이용할 수 있게 해주잖아요.

여러분도 인터넷 쇼핑몰을 통해 물건을 사본 적이 있지요? 요즘은 옥션보다는 G마켓이 더 인기라던데 여기는 시장이 아닌가요? 인터넷 쇼핑몰 역시 시장입니다. 이전에는 한 장소에 모여서 물건을 사고팔았지만, 지금은 정보통신기술이 발달해서 직접 만나지 않더라도 물건을 사고팔 수 있습니다. 주식시장이나 외화를 사고파는 외환시장, 그리고 사람들의 노동력을 사고파는 인

■ 우리나라의 대표적 시장인 남대문시장. 시장이라고 하면 시끌벅적한 재래시장이 먼저 떠오른다. 사려는 사람과 팔고자 하는 사람 사이에 거래가 이루어지는 곳이면 어디든 '시장'이다.

력시장도 모두 시장입니다.

그럼 시장이 무엇인지 다시 이야기해볼까요. 직접 얼굴을 보면서 만나든지, 인터넷이나 전화로 하든지 관계없이 시장은 수요자와 공급자들에 의해서 물건을 사고파는 거래가 이루어지는 곳이라고 할 수 있습니다.

■ 재래시장, 대형마트, 백화점, 인터넷 쇼핑몰 등은 모두 시장이다. 기술이 발달하면서 직접 만나지 않고도 거래가 이루어지는 인터넷 전자상거래 등 새로운 형태의 시장이 생겨났다.

시장이 없었을 때

옛날 사람들도 지금처럼 필요한 물건을 얻기 위해 시장에서 물건들을 사고팔았을까요? 인류가 처음 지구상에 나타났을 때부터 시장이 있지는 않았을 거예요. 여러분도 그런 생각이 들지요. 그러면 시장이 없던 때 사람들은 필요한 물건들을 어떻게 구했을까 한번 상상해보세요. 만약 여러분이 예쁜 머리핀을 갖고 싶은데 시장에서 살 수가 없다면 어떻게 해야 할까요? 정말 꼭 갖고 싶다면 스스로 만들거나 아니면 갖고 싶은 마음을 포기해야겠지요.

아주 옛날인 원시시대에는 사람들이 필요한 것들을 직접 만들거나 구해야만 했습니다. 이 시대에는 먹고사는 일이 가장 중요한 일이었어요. 그래서 부족을 이루어 함께 생활하면서 한곳에 머물지 않고 먹을 것이 풍부한 곳으로 이동하면서 살았습니다. 먹을 것은 동물을 사냥하거나 열매를 따서 해결했고, 입을 것은 사냥한 동물들의 가죽으로 만들었지요. 그리고 살 집도 직접 지어야 했습니다. 이렇게 필요한 것을 스스로 생산해 자신들의 생활을 채워나가는 것을 '자급자족自給自足' 이라고 합니다.

하지만 필요한 물건을 모두 자급자족한다는 것은 매우 힘들고 불편한 일이지요. 특히 동물을 사냥한다는 것은 항상 위험이 따르는 일이었고 사람들이 마음대로 조절할 수 있는 일이 아니었거든요.

물물교환이 생겨나다

이런 자급자족 시기를 지나 농사를 짓기 시작하면서 사람들은 정착해 살기 시작했어요. 직접 논밭을 일구어 농사를 지으면서 먹을 것을 안정적으로 얻을 수 있게 되었습니다. 점점 더 농토를 넓혀나가고 농사짓는 기술이 발전하면서 생산량이 늘어나 자신들이 먹고 남을 정도가 되었습니다. 이제 사람들은 남는 물건을 가지고 자신이 필요한 물건을 가진 사람과 교환하기 시작했습니다. 이것을 '물물교환物物交換'이라고 합니다. 농사짓는 사람이 고기를 원하면 가축을 기르는 사람에게 쌀을 주고 고기와 교환하는 것입니다. 물물교환은 자급자족보다 편하게 원하는 물건을 얻을 수 있는 발전된 방법입니다. 사람들은 이전보다 훨씬 쉽게 필요한 물건을 얻을 수 있게 되었습니다.

그렇지만 물물교환이 쉬운 것만은 아니었습니다. 쌀을 가지고 고기와 교환하고 싶다고 해도 고기를 가진 사람이 꼭 쌀을 원하는 것은 아니었거든요. 그리고 쌀을 원하는 사람을 쉽게 찾을 수 있는 것도 아니었지요. 그래서 사람들은 물물교환을 할 때 한 장소에 모여서 교환하면 서로에게 필요한 물건을 쉽게 구할 수 있을 거라고 생각하게 됩니다. 물물교환을 하기 위해 시장이 생겨나게 된 것이지요. 이제 사람들은 시장에 모여 편리하게 물건을 교환할 수 있게 되었습니다.

또 다른 문제도 있었습니다. 물물교환을 할 때마다 물건을 들고 가야 하고, 게다가 내가 가진 것은 쌀이고 필요한 것은 고기인데,

고기를 가진 사람에게 쌀이 필요하지 않을 수도 있습니다. 또한 고기가 갖고 싶다고 해도 내가 가져온 쌀과는 가치가 다르기 때문에 1대1로 교환할 수도 없었습니다.

교환의 매개, 화폐

어떻게 하면 이런 불편을 해결할 수 있을까 사람들은 고민했습니다. 그렇게 만들어진 것이 화폐입니다. 화폐라는 것은 시장에서 물건을 교환하거나 유통을 원활하게 하기 위한 매개수단을 말합니다. 사람들이 처음으로 사용한 화폐는 지금과 같은 돈이 아니라 조개껍질, 쌀, 소금과 같은 물건화폐였습니다. 조개껍질이나 쌀, 소금 등을 가지고 물건을 사고팔 수 있도록 서로 약속을 정한 것입니다. 이제 사람들은 화폐를 사용하게 됨으로써 물물교환을 할 때보다 훨씬 편리하게 자신들이 필요로 하는 물건들을 시장에서 사고팔 수 있게 되었습니다. 그리고 시장에서의 거래량이 물물교환을 할 때보다 더 많아지고 시장의 규모도 더 커지게 되었습니다.

이렇게 화폐의 사용량이 많아지게 되니 물건화폐보다 사용하기에 더 편리한 화폐를 고민하게 되었습니다. 그래서 크기가 작아 보관, 휴대, 운반이 편리하면서 귀한 가치를 가진 금속인 금과 은으로 금화와 은화 그리고 구리로 동전을 만들어 화폐로 사용하게 되었습니다. 아마 여러분도 고려시대나 조선시대를 배경으로 하는 드라마에서 금화나 은화가 화폐로 사용되는 것을 본 적이 있을 것입니다. 지금은 금, 은, 동보다는 더 사용하기 편리한 화폐를 사용하고 있습니다. 그것은 지금 여러분들의 지갑이나 주머니 속에 들어 있는 1000원짜리와 1만 원짜리 같은 지폐와 100원, 500원짜리 동전인 주화입니다.

화폐의 종류도 다양해져서 부모님들이 음식점이나 대형마트에서 사용하는 신용카드나 수표도 화폐의 역할을 하고 있습니다. 또한 인터넷이 발달하면서 인터넷상에서 물건을 팔고 구입할 때 사용하는 사이버머니 같은 새로운 형태의 화폐도 생겨나고 있습니다. 이렇게 화폐가 발전하면서 시장도 점점 더 커지게 되었습니다. 이제 사람들은 생활에 필요한 것들을 화폐를 가지고 시장에서 교환을 통해 얻을 수 있게 되었습니다.

미래의 시장은 어떤 모습일까 한번 상상해보세요. 직접 만나서 물건을 사고파는 시장은 줄어들겠지만, 다양한 형태의 새로운 시장이 더 많이 생겨나지 않을까요.

시장은 도깨비 방망이

도깨비 방망이, 알죠? 금 나와라 뚝딱! 은 나와라 뚝딱! 원하는 것
은 뭐든지 나오는 요술 방망이입니다. 시장은 도깨비 방망이라
고 할 수 있습니다. 시장에는 금과 은뿐만 아니라 우리가 필요로
하는 모든 것이 있거든요.

내가 갖고 싶은 멋지고 예쁜 옷, 맛있는 음식, 최신 영상통화 휴
대전화, 귀여운 액세서리, 그리고 애완견까지 무엇이든 시장에
서 구할 수 있습니다. 만약 시장이 없다면 우리는 이런 것을 어
디서 어떻게 구해야 할까요? 우리가 휴대전화를 직접 만들어 쓸
수 있을까요? 아니면 옷을 만들 수 있을까요? 옷은 만들 수 있겠
지만 엄청난 노력과 시간이 필요할 겁니다. 하지만 시장은 도깨
비 방망이처럼 아주 쉽게 모든 것을 만들어내고, 우리는 시장에
가서 아주 쉽게 원하는 것을 구할 수 있습니다. 시장은 우리가 살
아가는 데 있어서 없어서는 안 될 중요한 역할을 하고 있습니다.
그리고 시장은 아주 용한 점쟁이 같기도 합니다. 시장은 우리가
불편해하고 이런 물건이 있었으면 하고 생각하면 곧바로 알아차
리고 물건을 만들어 내놓고 있거든요. 여러분, 휴대전화 가지고
있지요? 휴대전화가 처음 나왔을 때는 디지털 카메라나 MP3 플
레이어 기능은 없고 통화만 가능했어요. 사람들이 휴대전화, 디

지털 카메라, MP3 플레이어 등을 따로따로 가지고 다니다 보니 불편해서 이것을 하나로 합치면 얼마나 좋을까 생각하게 되었습니다. 지금은 휴대전화에 이 세 가지 기능이 다 있잖아요. 심지어 1년 전에 구입한 휴대전화가 싫증나기 시작하면 시장은 우리의 마음을 알아채고 마음에 쏙 드는 새로운 모델을 만들어내잖아요.

시장은 우리에게 많은 편리함을 주고, 우리가 뭘 원하는지, 심지어 언제쯤 싫증이 날 것까지 다 알고 그것에 맞게 척척 물건을 만들어내는 도깨비 방망이라고 할 수 있지 않을까요.

시장은 자유롭고 평등하다

시장은 단순히 우리가 필요한 물건을 쉽고 편안하게 살 수 있게 해주는 것뿐만 아니라 시장이 있으므로 해서 우리에게 인간이 누려야 할 자유와 평등을 가져다줍니다.

먼저 시장에서는 모든 것이 자유롭게 이루어집니다. 내가 물건을 판다면 어떤 물건을 만들어 팔거나 그리고 몇 개를 만들거나 얼마를 받거나 또는 언제 만들거나 이 모든 선택은 개인의 자유에 맡겨져 있습니다. 그리고 마찬가지로 내가 물건을 산다면 무엇을 사거나 몇 개를 사거나 얼마에 사거나 그리고 언제 사거나 모두 마음대로 할 수 있습니다. 이렇게 시장은 사는 사람과 파는 사람들 간에 선택의 자유에 의해서 돌아가고 있습니다.

그리고 시장은 우리를 평등하게 대우합니다. 사회에서는 공부, 능력, 외모, 재산 등에 따른 차별이 있지만 시장은 사람을 차별하지 않습니다. 여러분이 교복을 살 때 공부를 못한다고 비싼 가격을 부르거나, 반대로 공부를 잘한다고 싸게 팔지는 않습니다. 시장은 사람들을 차별하지 않고 누구에게나 똑같이 평등하게 대우합니다. 이렇게 시장은 사람들의 선택의 자유와 평등을 기반으로 움직이고 있습니다.

만약 시장을 없앤다면, 시장을 통해 해결할 수 있는 문제들을 정부가 해결해야 할 것입니다. 이렇게 된다면 정부가 많은 권력을 가지고 우리의 욕구와 필요에 대해 간섭과 통제를 하게 될 것입니다. 이것은 억압적인 사회나 통제 사회에서나 가능할 것입니다. 자유로운 시장은 사람들이 누려야 할 자유와 평등을 보장하고 있다고 할 수 있습니다.

가격은 어떻게 결정되는 걸까

골라 먹는 재미가 있는 아이스크림은 작은 컵 하나가 2000원, 자동판매기 캔 음료수는 600원. 이 가격은 누가, 어떻게 결정한 것일까요? 학원 수강료, 배추 값은요?

귀하냐, 흔하냐

보통 어떤 물건이 귀해지면 가격이 올라가고, 흔해지면 가격이 내려갑니다. 이런 경우를 주위에서 흔히 찾아볼 수 있습니다. 얼마 전까지만 해도 마시는 물은 '공짜' 였습니다. 너무 흔해서 물을 사 먹는다는 것은 말도 안 되는 소리였습니다. 선생님이 초등학교에 다닐 때 사우디아라비아에서 3년 동안 일하고 돌아오신 삼촌에게 놀라운 얘기를 들었습니다. 그곳은 건조한 사막 지역이라 물이 석유보다 비싸다는 것입니다. 그런데 그 놀라운 이야기는 이제 우리에게도 현실이 되었습니다. 요즘은 우리도 물을 사 먹고 있습니다. 환경오염으로 깨끗한 물이 귀해진 것입니다.

가격은 그렇게 결정됩니다. 원하는 사람에 비해 그 상품이 귀하면 비싸지고 흔하면 싸지는 것입니다. 예를 들면 오이가 많은 철에는 4개 1000원 정도합니다. 장마철이 되면 비가 많이 와 신선한 채소가 부족하게 됩니다. 그러면 오이는 1개에 1000원이 넘는 값에 팔리기도 합니다. 이번에는 오이가 귀하신 몸이 된 거죠.

다른 예는 없을까요? 잘나가는 과외 선생님! 아무리 잘나가는 과외 선생님의 하루도 24시간입니다. 하루 종일 과외만 할 수는 없죠. 잠도 자고 밥도 먹고 친구도 만나고 수업 준비도 해야 하잖아요. 이 과외 선생님이 일주일에 10팀을 가르칠 수 있다고 생각해봐요. 그런데 이 선생님에게 과외를 받고 싶은 학생들이 줄을 섰어요. 과외 비용이 팀당 50만 원입니다. 그렇게 해서 선착순 10팀을 가르치고 있어요.

이 10팀에 끼지 못한 어떤 학생이 60만 원을 내겠다고 하면 어떻

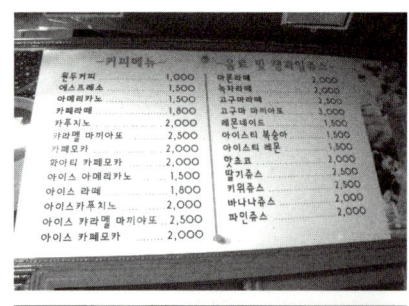

■ 커피점의 메뉴판과 쌀가게 모습. 가격은 수요와 공급에 따라 결정된다. 보통 귀해지면 올라가고 흔해지면 내려간다.

게 될까요? 이 선생님은 50만 원 짜리 팀 가운데 하나를 정리하고 60만 원짜리 팀을 가르치게 되겠 지요. 시간은 한정되어 있고 같은 값이면 다홍치마인데, 많이 받는 쪽을 선택하는 것은 인지상정 아 니겠어요. 그러면 너도나도 60만 원을 내겠다고 하겠지요. 이제 이 선생님의 과외 비용은 60만 원이 되는 거예요. 그래도 과외 받고 싶은 학생들이 많다면 70만 원 부 르는 사람들도 나타나고, 80만 원

부르는 사람도 나타나겠지요. 가격은 계속 올라갈 거예요.

이 과외 선생님이 욕심을 부려 100만 원으로 올렸어요. 100만 원 은 너무 과하다고 생각하는 사람들이 나타나면서 줄이 팍 줄어 들었지요. 이미 과외 받던 학생도 과외를 끊게 될지 몰라요. 그 래서 8팀밖에 안 남았어요. 그러면 선생님은 다시 가격을 내려 10팀을 받으려고 하겠지요. 이런 과정을 거쳐 가격이 결정되는 거예요. 이런 현상을 좀 유식한 표현으로 '수요와 공급에 따라 가격이 결정된다' 라고 합니다. 해수욕장 주변의 숙소 값이 7, 8

월이면 천정부지로 치솟았다가 찬바람이 불기 시작하면 뚝 떨어
지는 것도 마찬가지 원리입니다.

가격에는 생산비가 반영된다

가격은 생산비에 따라 결정되기도 합니다. 세상에는 3대 거짓말
이 있다고 합니다. 처녀가 시집 안 간다는 말, 노인이 빨리 죽고
싶다는 말, 그리고 장사하는 사람이 밑지고 판다는 말, 이렇게 세
가지입니다. 장사하는 사람은 절대 밑지고는 안 판다는 의미겠
지요. 그럼, 밑지고 안 밑지는 것은 어떻게 결정될까요? 그 상품
을 생산하는데 들어간 비용보다 덜 받으면 밑지는 것이겠지요.
그러니까 상품의 가격은 생산비보다 높게 형성됩니다.

얼마 전 한국인 최초로 우주여행을 마치고 돌아온 이소연을 보
면서 많은 사람들이 부러워했습니다. 이참에 우주여행 상품을
개발해서 판매하면 어떨까요? 우주여행 상품은 지금도 개발되
어 있다고 합니다. 우주여행 상품을 구입하고 싶어 하는 사람은
아무리 많이 줘도 2000만 원 이상은 낼 수 없다고 하는데, 원가가
1억 원이라고 한다면 여행사는 상품을 하나도 못 팔겠지요. 그
래도 값을 더 내리지는 못합니다. 원가보다 더 싸게 팔면, 팔 때
마다 손해를 보게 되니까요. 그러니까 가격에는 그 제품에 대한

생산비가 반영되어 있다고 볼 수 있습니다.

생산비에 비례해서 가격이 결정되는 것은 아니다

보통 분식점에서 끓여주는 라면은 2000원입니다. 치즈라면은 2500원입니다. 보통 라면에 슬라이스 치즈 한 장 얹어주는데 500원을 더 받습니다. 치즈 한 장의 값과 치즈를 라면에 얹는 노동의 원가를 더한 것이 500원은 아니잖아요. 그런데 왜 500원이나 비싼 걸까요? 커피전문점에서 아무것도 넣지 않은 아메리칸 스타일 커피는 2500원인데, 카푸치노 커피는 4000원입니다. 그럼, 그 거품을 얹어주는 가격이 1500원이라는 말이 됩니다. 뭔가 이상하지 않나요?

이상할 것 없습니다. 제품의 가격에는 생산비가 반영되지만, 생산비에 비례해서 가격이 결정되는 것은 아니거든요. 오히려 가격을 정할 때는 소비자들의 의사를 생각합니다. 보통 라면이 2000원인데, 치즈라면은 얼마를 받으면 소비자들이 사 먹을까요? 좋은 값에 많이 팔고 싶어 하는 분식집 사장님이 돼서 생각해봅시다. 3000원 받으면 너무 비싸다고 안 팔릴 것입니다. 그렇다고 2000원을 받으면 누가 그냥 보통 라면을 먹겠어요? 다 치즈라면을 먹겠죠. 그러니까 그 중간쯤 되는 선에서 가격을 정하는 것입니다. 분식점같이 작은 업체에서는 다른 분식집에서 하는 것을 따라가면서 감으로 정하는 것이고, 대기업에서는 가격을 정하기 위해서 시장조사라는 것을 하기도 합니다.

가격 결정에 숨겨진 비밀

놀라운 얘기 하나 들려줄까요? 많은 사람들이 사용하는 컴퓨터 프로그램에 대한 이야기입니다. 그 프로그램은 전문가용과 일반 사용자용이 있습니다. 일반 사용자용은 몇 개의 고급 기능을 사용할 수 없는 대신 값이 저렴합니다. '그거야 당연하지' 라고 생각합니다. 고급 기능이 있는 전문가용은 값이 비싸고, 기능이 적은 일반 사용자용은 값이 싼 것이 맞다고 생각하지요. 전문가용을 개발하는데 공이 더 많이 들었을 테니까요. 만들기도 더 복잡하겠지요.

그런데 프로그램을 개발할 때는 보통 전문가용을 먼저 개발하고 거기에 추가적인 명령들을 덧붙여서 고급 기능을 제한한 일반 사용자용을 만든다고 합니다. 이제 이야기가 달라지지요. 일반 사용자용에 추가적인 노동과 비용이 들어가는 것입니다. 그런데도 전문가용을 더 비싸게 파는 것입니다. 왜 그럴까요? 그렇게 해야 값이 싼 일반 사용자용을 원하는 사람들에게도 팔 수 있고,

비싸도 고급 기능을 원하는 사람들에게도 팔 수 있을 테니까요. 이때 가격을 정하는 기준은 무엇일까요?

"가격을 얼마로 해야 우리 회사가 최대의 이익을 볼 수 있을까?" 비슷하게 보이는 두 개 이상의 제품이 서로 값이 다르다면 선택하기 전에 한번 더 생각해볼 필요가 있습니다. '이건 값이 비싸니까 더 좋은 제품일거야' 라는 생각으로 선택하는 것은 지혜롭지 못합니다. 내가 비싼 제품을 구입하는 것은, 약간의 품위를 위해 기꺼이 더 많은 돈을 지불할 의사가 있는 소비자라고 선언하는 일 이상의 의미가 없는 경우도 많습니다.

'이 제품의 가격은 어떻게 정해졌을까' 라는 궁금증을 가지고 세상을 관찰해보는 것도 참 재미있겠지요.

같은 상품, 다른 가격

영화를 싸게 보려면 일찍 일어나면 됩니다. 같은 영화라도 상영 시간이 아침이면 관람료가 쌉니다. 같은 영화인데, 값이 다른 것입니다. 왜 그럴까요?

아침 일찍 일어나 영화를 보러 오는 사람은 별로 없습니다. 영화관 입장에서는 상영관도 있고, 상영을 위한 비용도 영화사에 지급했는데, 더 많은 관객이 찾아주어야 이익이겠지요? 어떻게 할

■ 영화관의 '조조할인' 은 같은 상품이라도 가격이 다를 수 있다는 것을 보여준다.

까 궁리를 하던 누군가가 기발한 해결 방법을 찾았습니다. 아침
에 상영할 때는 같은 영화지만 관람료를 싸게 해주는 것이지요.
즉, 조조할인을 하면 그 시간에 영화를 볼 생각이 별로 없었던 사
람들도 싼 가격에 이끌려 영화관을 찾게 됩니다.

이와 같이 같은 상품이라도 가격이 달라질 수 있어요. 청소년에
게는 할인해주는 제도도 이와 같은 원리를 이용한 것이지요. 이
것을 '가격차별' 이라고 합니다.

시장에 맡겨둘 수 없는 것도 있다

박지성과 일용직

와! 연봉이 52억 원이 넘는다고요? 영국 프로축구 1부 리그인 프리미어리그에서 활약하고 있는 축구선수 박지성의 이야기입니다. 계산해보면 일주일에 1억 원씩, 일당 1100만 원이 넘는 셈이지요. 여러분 부럽지요. 박지성 선수는 영국 프로축구 구단 가운데 우승을 여러 차례 차지한 명문팀인 맨체스터 유나이티드의 주전급 선수로 활약하고 있습니다.

■ 영국 프로축구리그에서 활약하고 있는 박지성 선수와 서울 봉천동 새벽 인력시장에서 일하기 위해 기다리고 있는 일용직 노동자들.

이번에는 건설 현장에서 일하는 아저씨들의 일당을 생각해볼까요? 여러분도 텔레비전을 통해 봤을지도 모르는 장면입니다. 이른 새벽 아저씨들이 약속이나 한 듯 한 장소에 몰려듭니다. 그리고 누군가를 기다립니다. 그러면 승합차를 타고 온 사람이 'ㅇ명 타세요' 말합니다. 그럼 아저씨들끼리 서로 먼저 타려고 하지요. 뭘 하고 있는 걸까요? 승합차를 타고 온 사람은 새벽 인력시장에서 그날 하루 동안만 일할 공사 인부를 구하고 있는 것입니다.

차에 탄 아저씨들이 일하러 가는 곳이 바로 건물 신축 공사현장 같은 곳입니다. 공사가 끝날 때까지 계약하고 일하는 분들도 있지만 갑자기 일손이 필요한 경우에는 이렇게 와서 하루 일하고 그날 일당을 받는 분들도 있습니다.

일당을 받는 공사 인부들의 노동을 생각해볼까요. 우선 공사장 일에 노동을 팔고 싶다는 사람은 많습니다. 그리고 하루씩 일하는 인부들의 경우에는 짐 나르기나 자재정리 등 특별한 기술이 필요 없는 일들을 합니다. 그러니 하루하루 일하는 공사 인부들의 노동의 가격은 박지성의 노동의 가격과는 비교도 되지 않을 만큼 싸겠지요.

노동의 가격은 어떻게 결정될까

이렇게 차이가 크게 나는 것은 당연하다고요? 여러분이 사회 시간에 배운 대로 노동의 가격도 시장의 수요와 공급에 의해서 결정되지요. 맨체스터 유나이티드 같은 명문 구단에서 주전으로 활동할 만큼 훌륭한 선수들은 그 수가 많지 않습니다. 박지성급 선수들의 공급은 적은 것이지요. 그런데 이런 선수들을 원하는 축구팀은 여럿이니까 박지성 선수의 노동의 가격은 당연히 비싼 겁니다. 시장이 크게 가치를 부여하고 있지 않은 노동력을 지니고 있고, 게다가 그 노동의 수요보다 공급이 많은 일용직 같은 경우에는 노동의 가격은 당연히 싸겠지요.

노동의 가격을 시장이 결정하는 것에 대해서 어떻게 생각하나요? 노동의 가격도 다른 상품들처럼 시장을 통해 결정되고 그렇게 정해진 노동의 가격은 모든 경제문제를 해결해주는 가장 합리적이며 적절한 가격이 될 수 있다고 생각하나요?

우리는 왜 일하는 걸까요? 자아를 실현하고 명예를 얻기 위해서, 혹은 일하는 즐거움 때문에? 여러분도 곧 일을 할 것이고 그 일을 통해서 얻고 싶은 것이 많을 것입니다. 일하는 이유야 많겠지만 최소한 자본주의사회에서 살기 위해서 우리가 원하든 원치 않든 노동력을 팔고 그 대가를 받습니다. 얼마를 받으면 좋을까요? 많으면 많을수록 좋겠죠. 물론 그렇지요. 하지만 노동시장에서 원하는 만큼의 대가를 받기란 쉽지만은 않습니다. 그래도, 아무리 임금이 적더라도 최소한 이 사회에서 생계를 유지할 만큼은 되어야 하겠지요.

우리 주변에는 오직 생계를 위해서, 먹고살기 위해서 일하는 사람들도 있습니다. 그런데 그 중에는 자신들이 제공하는 노동의 가격이 너무 싸서 일을 해도 생계를 이어가기 힘든 사람들도 많이 있답니다. 왜 일을 해도 먹고살기가 힘드냐고요? 노동의 가격인 임금도 시장경제에서는 수요와 공급의 법칙에 의해서 결정된다고 앞에서 이야기했습니다. 어떤 사람이 가지고 있는 노동력은 시장이 크게 가치를 부여하고 있지 않습니다. 그 사람은 시장에서 잘 팔릴 만한 재능을 갖고 태어나지도 않았고 집안이 가난해서 능력을 키울 기회를 갖지도 못했습니다. 그래서 아무도 사주지 않는 노동력을 가지게 된 것이지요. 이런 사람들은 정말 낮은 임금을 받고도 노동을 할 수밖에 없답니다. 노동시장에서는 한 달에 10만 원이라는 임금에도 노동력을 제공하겠다는 사람이 있다면 그 돈을 주고 일을 시킬 수 있는 것이랍니다.

다시 한번 생각해볼까요. 노동에 대한 가격도 시장에서 결정되어야 하는 걸까요? 노동의 대가란 최소한의 인간다운 생활을 보장할 수 있어야 하는 것 아닐까요?

최저임금제와 그 사각지대

노동의 대가는 시장의 가격 결정에만 맡길 수는 없는 것 같습니다. 그래서 노동의 가격인 임금은 법으로 보장되고 있답니다. 최저임금제가 그것입니다. 그러나 최소한의 인간다운 생활을 유지하기 위해서 법으로 정해놓은 최저임금이 너무 낮아서 그 임금으로는 현실에서 최저생계를 유지하기 힘듭니다.

학교나 학원 건물을 청소하는 아줌마들이 한 달 일해서 받는 임금은 얼마일까요? '방전식 할머니'의 이야기를 통해 알아보겠습니다.

한 대학교에서 청소부로 10년 동안 일해 온 예순세 살의 방전식 할머니는 한 달에 69만 원을 받습니다. 시급 3100원*이라는 최저임금을 적용한 금액이랍니다. 할머니는 수업이 시작되기 전에 강의실이며 화장실을 청소해야 하기 때문에 새벽 4시에 집에서 나오셔야 합니다.

여러분이 좋아하는 유명 브랜드 청바지 중에는 가격이 15만 원 이상인 것도 있지요? 할머니는 새벽부터 일해서 한 달에 청바지 네 벌 값을 버는 셈이지요. 이미 정년을 넘겼기 때문에 지각이라도 하면 일자리를 잃게 될까봐 새벽잠을 설치고 출근 준비를 하십니다. 새벽부터 시작되는 일이 고되고 힘들어도 월 69만 원이 없으면 생계를 이어가기 힘이 듭니다. 집세와 각종 공과금을 내고 나면 반찬거리 하나 변변한 것을 구입할 수가 없답니다. 비정규직이기 때문에 당연히 보너스도, 퇴직금도 없겠죠. 69만 원을 받는 할머니는 열심히 일해도 형편이 나아지지 않습니다. 내일은 위한 저축은 꿈꿀 수도 없는 것이지요.[1]

현실에서는 최저생계를 유지하기도 힘든 금액이라는 최저임금조차 적용받지 못하고 있는 사람들도 많이 있습니다. 외국에서 우리나라에 일하러 온 이주노동자의 경우는 불법체류자인 경우가 많기 때문에 최저임금이라는 법적인 보호를 받을 수 없습니다. 최저임금제의 사각지대에 놓여 있는 사람들입니다.

또 아파트 경비 아저씨나 학원의 수위 아저씨들의 경우는 집중

---

* 시간당 3100원은 2005년 기준 시간당 최저임금이며, 최저임금은 물가상승 등을 고려해 매년 최저임금위원회에서 조정합니다. 2009년 최저임금은 시간당 4000원이며 주 40시간 기준 한 달 평균 최저임금은 83만 6000원입니다.

■ 경비나 수위 일을 하는 분들은 2007년에서야 최저임금을 보장받을 수 있게 되었지만 경비절감 때문에 오히려 일자리를 잃는 경우도 있다.

근로시간이 짧아 정신적 육체적 피로도가 낮은 감시·단속 근로자라고 해서 최저임금제에서 제외되어 있다가 2007년에서야 최저임금을 보장받을 수 있게 되었습니다. 그러다 보니 아파트나 학원 등에서는 경비절감을 위해서 경비나 수위 아저씨들을 해고하는 상황이 생기게 되었습니다. 최저임금제 적용이 오히려 생계 수단을 잃게 만드는 셈이 된 것이지요.

생존권과 인권을 보장하는 노동의 가격

노동의 가격은 어떻게 결정되어야 하는 것일까요? 어떤 사람이

든지 그가 노동력을 제공하여 먹고사는 일을 해결해야 한다면 정규직이든 비정규직이든, 사람들이 원하는 노동력을 지니고 있든 그렇지 않든, 노동의 공급이 넘치든 그렇지 않든 기본적인 생존권과 인권을 보장할 수 있도록 노동의 가격은 결정되어야 할 것입니다. 그런데 현실은 그렇지 않습니다.

지하철역에서 청소 일을 하는 이 아무개 씨는 2007년 7월에 급여 108만 3000원을 받았고, 2008년 5월에도 108만 3000원을 받았습니

참여연대, 민주노총 등 노동·시민단체들이 참여한 최저임금연대가 29일 오전 서울 통인동 참여연대에서 기자회견을 열어, 2009년 주 40시간 기준 한 달 최저임금을 올해 78만7930원에서 99만4840원으로 올릴 것을 촉구하고 있다.
신소영 기자 viator@hani.co.kr

내년 최저임금 99만4840원 요구

노동계·시민단체 올해보다 26% 인상안

서울 지하철 역사를 청소하는 미화원 이 아무개씨는 지난해 7월 급여 108만3천원을 받았고, 올해 5월에도 108만3천원을 받았다. 급여명세서의 총액은 같지만, 내역은 확 바뀌었다. 지난해 70만원이었던 기본급은 올해 88만원으로 올랐으나, 조정수당(21만원)·식대(5만원) 등 각종 수당이 사라졌다. 회사는 기본급을 올려 최저임금을 지킨 사업장에 들었다. 하지만 아씨는 4대 보험료가 올해 오르는 바람에 실수령액이 5만원 가량 줄었다.

전국민주노동조합총연맹, 한국노동조합총연맹, 참여연대 등 24개 노동·시민사회단체가 참여한 '최저임금연대'는 29일 서울 종로구 참여연대에서 기자회견을 열어 "저임금 노동자들의 생계를 보장하려면 2009년 주 40시간 기준의 한 달 최저임금을 99만4840원으로 인상하라"고 촉구했다. 최저임금연대는 "올해 최저임금인 78만7930원은 1분기 도시노동자 3인 가구 생계비인 298만2133원의 26.4%에 그치는 것이며, 평균 임금의 37.2% 수준"이라고 지적했다.

최저임금연대가 2009년 최저임금으로

평균 임금 대비 최저임금 추이			
연도	최저임금(월)	전체 노동자 임금(월)	비율
2004	56만7260원	162만1192원	35.0%
2005	59만3560원	171만5683원	34.6%
2006	64만7900원	187만4000원	34.6%
2007	72만7320원	199만1519원	36.5%
2008	78만7930원	211만6985원	37.2%

자료: 최저임금위원회, 노동부

제시한 99만4840원은 2007년 평균 임금인 199만1519원의 50%이며, 올해 최저임금에서 26.3% 올린 금액이다. 2009년 최저임금은 6월께 최저임금위원회에서 심의될 예정이다.

최저임금연대는 '복리후생비를 최저임금에 넣자'는 재계의 요구에 대해서는 "최저임금은 올려도 실제 임금은 한 푼도 안 올릴 수 있다"며 강하게 반대했다. 이들은 "최저임금 자체가 낮은 현실에서 가족·식사 관련 수당, 출퇴근 교통수당 등을 최저임금에 넣는 것은 '최저한의 생활 보장을 도모한다'는 법 취지에 정면으로 위배된다"고 주장했다.

최형형 기자 circle@hani.co.kr

■ 노동·시민단체는 최소한의 인간다운 생활을 할 수 있는 좀더 현실적인 최저임금을 요구하고 있다. 〈한겨레〉 2008년 5월 30일자.

다. 기본급은 70만 원에서 88만 원으로 올랐지만 조정수당, 식대 등 각종 수당이 사라진 것입니다. 회사는 기본급을 올려 최저임금을 지킨 사업장에 들었습니다.[2]

현재의 최저임금 자체가 생계를 보장할 수 없는 정도의 낮은 수준이라고 했을 때 복리후생비 등의 수당이라도 제대로 지급되어야 하겠죠. 그러나 많은 사업장에서 각종 수당을 없애는 방법으로 실제 급여를 줄이고 있답니다. 이대로라면 최저임금을 지금보다 높은 수준으로 정할 수밖에 없답니다. 최저임금제는 최소한의 인간다운 생활을 보장하기 위해 만들어진 제도이니까요.

내가 너무

싸게 샀다고

가격은 생산비용 이상이다

햄버거집 앞을 지나고 있는데 사람들이 가게 안에 많이 몰려 있었어요. '햄버거를 참 많이 사 먹는구나' 생각하고 있었는데 그 가게에서 점심시간에 모든 햄버거 세트를 3000원에 팔고 있더라고요. '5000원에 가까운 햄버거 세트인데 많이 할인해주네. 나도 한번 먹어야겠다'고 생각했습니다. 우리는 소비활동을 하면서 항상 최소비용으로 최대효과를 얻고 싶어 하니까 할인시간대에

■ 3000원에 판매하는 런
치 세트를 알리는 광고.
햄버거의 비용이 저렴한
것은 무엇 때문인지 생
각해볼 문제이다.

햄버거를 먹는 건 그야말로 '합리적 선택'을 하는 셈이잖아요.
하지만 우리는 햄버거를 참 싸게 판다고 생각하면서도 그 값으
로 최소한 햄버거 생산비용 이상은 지불했다고 생각합니다. 파
는 사람이 어디 밑지고야 팔겠어요. 시장에서는 어떤 상품의 가
격이라도 최소한 생산비용 이상이니까요. 아마 3000원이라는 햄
버거 가격은 생산자가 이윤을 조금 포기하더라도 생산비용 이상
은 될 것이고 우리는 충분한 비용을 지불한 셈인 것이지요.

햄버거에 숨어 있는 비용

그런데 그 햄버거 값을 한번 더 깊이 생각해봐야 할 것 같아요.
정말 우리는 햄버거를 생산하는데 들어가는 모든 비용을 다 지

불하고 있는 것일까요? 다음은 우리가 미처 몰랐던 햄버거의 생산 과정 이야기랍니다. 햄버거가 만들어지기까지 숨어 있는 비용들을 찾아보겠습니다.

햄버거 한 개를 만들기 위해서는 대략 5제곱미터 넓이의 숲이 사라진다고 합니다. 무슨 이야기냐고요? 미국에서는 햄버거를 많이 먹기 시작한 1960년대부터 햄버거용 고기로 쓸 가축을 키울 땅이 모자라게 되자 남아메리카의 나라들에게 가축을 길러서 고기를 팔라고 했답니다. 그러자 남아메리카에서는 가축을 키우기 위해 열대 원시림의 나무를 베어버리고 목장을 만들었지요. 미국에서 필요한 고기를 얻기 위해서 이미 중앙아메리카 숲의 4분의 1 가량이 사라졌어요. 1년이면 우리나라 크기의 4분의 1에 해당되는 곳이 개발하느라고 사라져버리고 있는 거지요. 햄버거를 먹으면 숲이 사라진다는 사실, 정말 놀랍죠.

소를 키우기 위해 숲만 사라지는 것은 아니랍니다. 소는 8킬로그램의 사료를 먹어야 1킬로그램의 고기를 생산할 수 있어요. 미국 소가 먹는 옥수수의 양은 전 세계에서 생산되는 옥수수의 25퍼센트를 차지하고 있어요. 어떤 나라의 농부들은 자신들이 키운 콩이나 옥수수 같은 곡물들을 배고픈 자신의 아이들에게 먹이지 못하고 소의 사료로 팔아야만 한답니다. 만약 미국에서 필요한 고기의 양을 반으로만 줄인다면 아프리카에서 굶어죽는

■ 브라질 서부 마토 그로소의 아마존 밀림이 콩을 재배하기 위한 농장 조성을 위해 벌목된 모습. 브라질 정부는 2008년 2월 아마존 밀림 파괴의 주범인 불법 벌목 및 목재 반출을 막기 위해 군 병력까지 투입해 막고 있다.

아이들을 모두 살릴 수도 있는 거지요.[3]

숨어 있는 비용, 그래서 우리가 지불하지 못하고 있는 비용을 찾았나요? 우리가 햄버거 값으로 낸 3000원에는 햄버거의 생산으로 인한 환경 파괴와 가난한 나라 아이들의 굶주림에 대한 비용이 포함되어 있을까요? 아직 아무도 지불하고 있지 않은 그 비용은 우리가 먹은 햄버거 값보다는 훨씬 더 높은 값일 거예요.

커피 한 잔 속에 숨어 있는 비용

다음은 커피 이야기입니다. 자판기 밀크커피를 많은 사람들이 즐겨 마십니다. 동전 몇 개면 따끈한 커피 한 잔을 어디서나 마실 수 있으니까 정말 대만족인 거지요.

그런데 혹시 이런 이야기 들어본 적 있나요? 유럽에서는 기존의 커피와 같은 품질이면서 가격이 좀더 비싼 커피가 있는데 시민들이 그 비싼 커피를 많이 사 먹는다는 이야기 말입니다. 이상하죠? 같은 품질이라면 가격이 싼 것을 선택해야 하는데 말입니다. 그런데 생각해보니 유럽 시민들은 우리가 지불하지 않고 있던 커피의 비용을 기꺼이 내고 있었던 거예요. 무슨 이야기냐고요? 우리가 알지 못했던 햄버거의 숨겨진 비용처럼 커피에도 그런 비용이 있었어요. 한 번 잘 들어보세요.

커피 한 잔의 진실을 알고 있나요? 소규모 커피 재배 농가는 커피 45잔을 만들 수 있는 커피콩 1파운드를 팔아서 480원을 벌어요. 우리가 먹는 커피 한 잔에서 커피 재배 농부는 단돈 10원을 가져가는 셈이지요. 커피 재배 농민의 수는 전 세계 50개국 2000만 명 정도인데 이들은 거의 빈곤 상태에 놓여 있어요.[4] 하루 종일 고된 노동을 하고도 정당한 대가를 받지 못하고 있기 때문입니다.

■ 페어트레이드 라벨과 커피 과육을 분류하는 농민들. 공정거래무역을 통한 제품은 비용을 조금 더 지불하더라도 커피 등을 생산하는 농민들에게 좀더 현실적인 이윤이 돌아갈 수 있다.

커피 재배에서 발생하는 이윤의 1퍼센트만이 재배 농가에 돌아가고 나머지 99퍼센트는 거대 커피회사, 수출업자, 거래 상인들이 가져가고 있어요.

최근에는 '페어트레이드' 라벨을 붙인 공정거래제품이 많이 유통되고 있습니다. 이러한 제품은 초콜릿, 바나나, 커피 등 200여 가지에 이를 정도로 확대되고 있지요. 대표적으로 '막스하벨라르'라는 회사에서는 중간상인이나 거대 커피회사 등이 부당하게 이익을 가져가지 않도록 공정거래무역을 통해 커피를 사들이고 있습니다. 이 회사의 유통을 거친 커피는 좀 비싸긴 하지만 이 커피를 구입하면 생산 농부들에게 좀더 많은 이윤이 돌아갈 수 있답니다.[5]

그러나 공정거래무역의 문제점을 지적하는 목소리도 있습니다. 제3세계의 가난한 농부들은 손에 들어오는 돈을 늘리기 위해 선진국 소비자들의 기호품을 생산하는데 자신의 노동력을 모두 쓰게 됩니다. 자신들의 식량이 부족한 상황에서도 주식인 옥수수나 밀 대신 코코아나 커피콩을 재배하게 된다는 말이지요. 이런 상황은 제3세계 농민들이 그들의 생계를 선진국 소비자들에게 더욱 더 의존하게 하는 문제점이 있습니다.

우리가 커피 한 잔의 여유로움을 즐길 때 커피 생산 농민들의 고단한 노동과 그들의 배고픔, 빈곤은 생각하지 않아요. 어른들이 동전 몇 개로 쉽게 뽑아 먹는 자판기 커피도 농민들의 값싼 노동력 때문에 가능한 것입니다. 이제 지불되지 않고 있는 커피의 비용을 알 수 있겠지요.

모두 필요한 것들일까

갖고 싶은 것과 필요한 것

여러분은 한 달 용돈이 얼마나 되나요? 갖고 싶은 게 많아서 많이 부족한가요? 뭘 갖고 싶은지 얘기해볼까요. 옷·운동화·휴대전화·디카·MP3·컴퓨터·게임기·액세서리·가방 등 많이 있죠. 이것들이 모두 '필요' 한 것일까요? 하현이와 박성현 씨이야기를 통해 모두 '필요' 한 것들인지 한번 생각해봅시다.

전북 전주에 사는 일곱 살 여자아이 하현이는 한 살 때부터 눈두덩이 두툼하게 붓는 신경섬유종이란 병을 앓았습니다. 부기가 심해 왼쪽 눈은 앞을 못 볼 정도였습니다. 유치원에서 생김새 때문에 볼에 할큄을 당한 자국이 가득한 채로 집에 돌아온 적도 많았다고 합니다. 하지만 농사를 지으며 한 달에 60만~70만 원가량 벌어 월세 11만 원짜리 단칸방에서 겨우 3남매를 키우는 하현이 엄마는 하현이의 수술 비용을 마련할 방법이 없어 그저 속만 태우고 있었습니다. 다행히 하현이는 삼성서울병원이 펼친 '밝은 얼굴 찾아주기 캠페인'의 도움으로 부기를 거의 빼고 밝은 아이로 돌아왔습니다.[6]

박효정 씨는 못 생겨서

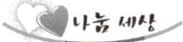

기형얼굴 저소득층 어린이 웃음 찾아주기 仁術 12년째

나눔 세상

삼성서울병원 '밝은 얼굴…' 캠페인

경기도 부천에 사는 일곱살 소녀 산성이는 목 뒤에 물갈퀴 같은 살덩이를 달고 태어났다. 어머니 이지혜(43)씨의 뱃속에 있을 때 났던 야구공 만한 물혹 3개가 태어나면서 보기 싫은 살덩이로 변했다. 산성이는 매일 유치원에서 또래들의 놀림을 받아야 했다. 아씨는 산성이가 "엄마, 난 왜 이렇게 태어났어, 애들이 괴물이라고 놀려."라며 울부짖을 때마다 가슴이 찢어졌다.

아버지 황한수(41)씨의 건설사업이 부도나면서 1000만원이 넘는 산성이의 수술비는 도저히 감당하기 어려웠다. 하지만 산성이는 한 병원의 도움으로 2004년 8월 성형수술을 받아 이제 거의 제 모습을 찾았다.

선천성 얼굴 기형으로 또래들에게 따돌림을 당하면서도 집안 형편 탓에 제대로 치료를 받지 못했던 아이들이 한 병원의 도움으로 웃음을 되찾고 있다. 삼성서울병원은 28일 '밝은 얼굴 찾아주기' 캠페인을 통해 기형치료를 받은 저소득층 아이들 5명의 초등학교와 중학교 입학 축하행사를 열었다.

전북 전주시 팔복동에 사는 하현(7·여)양도 비슷한 경험을 했다. 하현이는 한살 때부터 눈두덩이가 두툼하게 붓는 신경섬유종이란 병을 앓았다. 부기가 심해 왼쪽 눈은 앞을 못 볼 정도였다. 유치원에서 생김새 때문에 볼에 할큄을 당한 자국이 가득한 상태로 집에 돌아오기도 했다. 하지만 농사를 지으며 한달에 60만~70만원 가량 별

28일 삼성 서울병원 의료진이 선천성 얼굴기형이나 화상흉터 등으로 마음고생을 하다 성형수술을 받고 초·중학교에 입학하는 학생들에게 입학축하선물을 전달하고 있다. 삼성서울병원과 삼성화재는 아이들에게 무료수술을 해 주는 '밝은 얼굴 찾아주기' 캠페인을 전개하고 있다. 안주영기자 yja@seoul.co.kr

어 월세 11만원짜리 단칸방에서 겨우 3남매를 키우는 어머니 최애자(38)씨는 하현이의 수술 비용을 마련할 수 없었다. 하현이 역시 삼성서울병원의 도움으로 부기를 거의 빼고 밝은 아이로 돌아왔다.

구순구개열로 왼쪽 턱이 내려 앉았던 한미식(13)군과 혈관종으로 윗입술이 부어올랐던 박예지(13)양, 귀 기형을 앓았던 박민재(13)군도 2~3차례에 걸친 성형수술을 받고 밝은 얼굴로 학교에 입학하게 됐다. 삼성서울병원 송효석 사회사업실장은 '얼굴 기형 탓에 어두운 곳에서 나오지 못하는 아이들을 위해 1992년부터 사업을 시행해오고 있다. "면서 "아이들이 밝은 웃음을 찾으며 당당히 사회의 일원이 되는 것을 보면 우리도 보람을 느낀다."고 말했다.

이재훈기자 nomad@seoul.co.kr

■ 하현이와 같이 선천성 얼굴 기형이나 화상 흉터를 가진 어린이들이 무료로 성형 수술을 받고 밝은 얼굴을 되찾았다는 소식을 다룬 기사. 〈서울신문〉 2006년 3월 1일자.

모임에서 소외당했던 적이 많다고 생각해왔습니다. 그는 2002년 9월 코 수술을 한 뒤 자신감을 얻고 그 뒤 3년 동안 코, 쌍꺼풀, 점 제거, 보톡스, 지방 흡입, 보조개 등 무려 스물세 차례 성형 수술을 받았습니다. 2005년 11월 그는 SBS 〈진실 게임〉이라는 프로그램에 출연하면서 유명해졌습니다. 그는 "성형수술 뒤 자신 있는 삶을 살게 돼 좋다"고 당당하게 이야기하고 있고, 지금은 '성용사(성형으로 용될 사람들)'라는 인터넷 카페를 운영하고 있습니다.

하현이와 박효정 씨 둘 다 간절히 원한 것은 성형 수술입니다. 그러면 성형 수술이 이 두 사람 모두에게 똑같이 '필요'한 것이라고 할 수 있을까요?

절대적 필요와 상대적 필요

여러분은 케인스라는 경제학자를 들어봤나요? 1929년 발생한 대공황 시기 미국의 경제정책에 결정적인 영향을 끼친 유명한 경제학자입니다.

케인스는 인간의 필요를 '절대적 필요'와 '상대적 필요'로 나누었습니다. 절대적 필요란 주위의 다른 사람이 어떤 상태에 있는가에 관계없이 느끼는 필요를 말하고, 상대적 필요란 주위 사람들보다 더 우월하다는 기쁨 또는 다르다는 기쁨을 느끼고 싶어 하는 욕구에서 나온 필요를 말하는 것입니다. 대체로 생계유지에 필수적인 것들이 절대적 필요에 해당하고, 사치품들은 상대적 필요에 해당한다고 할 수 있습니다. 하현이와 박효정 씨 이

■ 존 매너드 케인스(John Maynard Keynes, 1883 ~1946)는 1929년 미국에서 시작된 세계 대공황의 경험을 바탕으로 쓴 『고용·이자 및 화폐의 일반 이론』으로 '케인스 혁명'으로 불릴 정도의 커다란 반향을 일으켰고, 케인스 학파를 낳게 한 경제학자이다.

야기를 절대적 필요와 상대적 필요라는 개념에 비추어서 다시 생각해볼까요. 하현이의 욕구는 어느 쪽에 속한다고 할 수 있을까요? 절대적 필요에 속하겠죠. 박효정 씨의 욕구는 상대적 필요에 해당한다고 볼 수 있습니다.

여러분들 생각엔 절대적 필요를 충족시키는 게 우선시되어야 할 것 같나요, 아니면 상대적 필요를 충족시키는 게 우선시되어야 할 것 같나요, 또 아니면 둘을 구분할 필요가 없을 것 같나요?

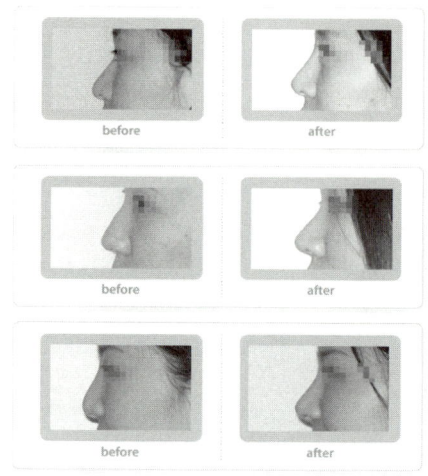

■ 한 성형외과 홈페이지에 실린 코 성형 전후의 모습을 보여
주는 사진.

시장에서의 절대적 필요와 상대적 필요

그렇다면 시장에서는 절대적 필요와 상대적 필요 중 어느 것을 더 중요시할까요? 한마디로 말하면 시장은 둘을 구분하지 않습니다. 어느 쪽이든 값을 치르려는 사람이 많은 쪽의 요구에 시장은 발 빠르게 반응할 뿐입니다. 예를 들어 시장에서는 하현이든 박효정 씨든 아니면 또 다른 누구든, 돈만 내면 성형 수술을 해준다는 말입니다. 그게 안면 기형을 고치는 것인지, 아니면 얼굴을 더 예쁘게 만들려고 하는 수술인지 따지지 않는다는 거죠. 그 사람의 필요가 절대적 필요인지 상대적 필요인지 따지지 않고, 누가 먼저 혹은 더 많이 돈을 내느냐만 따지는 게 '시장'입니다.

뿐만 아니라 시장은 광고를 통해 상대적인 필요를 끊임없이 부추기기도 합니다. 요즘 성형 수술하려는 사람이 왜 이렇게 많을까요? 다른 여러 가지 이유가 많겠지만 광고가 가장 중요한 이유 아닐까요? 성형 수술에 목매는 사람이 많은 것이나 여러분이 갖고 싶은 것이 많은 이유, 모두 생활의 필요 때문에 욕구가 생겨났다기보다 광고에 의해 욕구가 만들어진 것 아닐까요. 이런 광고에 푹 빠져들어 욕구를 끊임없이 키워나간다면 어떻게 될까요?

만약 여러분의 용돈이 무한대라면 끊임없는 소비를 통해 행복해질 수도 있겠지요. 광고에서 자극하는 대로 끊임없이 소비하지 못해 불행해지는 것보다, 광고가 나의 필요를 너무 자극하지 않도록 광고와 적절한 거리를 두는 것이 현명한 방법 아닐까요.

그런데 이렇게 말해 놓고도 마음 한구석이 참 무겁습니다. 언제 어디서나 광고가 홍수처럼 쏟아지는 요즘 세상에서 어떻게 하면 광고의 노예가 되지 않을 수 있을지 잘 모르겠습니다. 광고는 무엇보다 사실을 전달하는 게 목적이 아니라 어떻게 해서든 우리들의 지갑을 열게 하는 게 목적이라는 걸 잊지 마세요. 그리고 행복하게 살아가는 데 꼭 필요한 물건은 그리 많지 않더라고요. 행복은 얼마나 많은 물건을 가졌냐는 것과는 별 상관이 없습니다.

시장 **❻**

우리의 욕구는
누가 만드는 걸까

필요해서 샀나요

휴대전화를 이미 가지고 있어도 새로운 모델의 최신 휴대전화 광고를 보면 바꾸고 싶은 마음이 생깁니다. 지금 가지고 있는 게 고장이 난 것도 아닌데 말이에요. 별 생각 없이 백화점에 갔다가 너무 마음에 드는 예쁜 옷을 보고는 엄마를 졸라서 샀던 경험은 없나요? 아니면, 지나던 길에 빵집에서 깜짝 세일로 5000원에 4봉지 준다는 소리를 듣고 '땡잡았다' 고 생각하며 허겁지겁 빵을

■ 최신 모델의 휴대전화가 진열된 매장. 새로운 휴대전화를 사게 만드는 건 누구일까?

골랐던 적은요? 홈쇼핑을 보다가 별로 필요한 것이 아닌데 생각 지도 못하게 전화기를 들고 주문하는 어머니의 모습을 본 적 있 지요.

지금 여러분 주변을 가만히 둘러보세요. 그리고 내가 산 물건들 이 정말 필요한 것이었나 한번 생각해보세요. 사고 싶긴 했지만 꼭 필요해서 산 것만은 아니라고요. 그럼, 그 물건은 왜 사게 되 었을까요? 그 물건을 사게 만든 건 누구일까요?

사람들이 물건을 사는 것은 반드시 '필요' 해서만은 아니에요. 어떤 동기에 의해 만들어진 '욕구' 를 충족하기 위한 경우가 더 많지요. 우리는 스스로가 자신의 합리적 판단 하에 물건을 구매한다고 생각하지요. 적어도 자기 자신은 광고 따위에 영향을 받아 물건을 사는 그런 사람이 아니라고 생각하지요. 다른 사람은 몰라도 자신은 광고가 발휘하는 영향에서 벗어나 자신의 행동을 조절할 수 있다고 생각하지요.

정말 그럴까요? 어쩌면 여러분은 '선택'한 것이 아니라 '조종' 당한 것일지도 몰라요. 요즘처럼 다양한 물건이 넘쳐나는 세상에서 물건을 많이 팔려면, 무엇보다 소비자의 눈에 띄는 것 자체가 중요하지요. 상황이 이렇다 보니 판매자들은 하나라도 더 팔기 위해 소비자들을 분석하고, 보다 더 다양한 전략으로 욕구를 자극하고, 소비자들을 움직이려 하고요. 우리는 팔을 뻗어 물건을 집어 들도록 조종당하고 있는지도 몰라요. 이렇게 해서 우리의 지갑은 열리게 되는 거지요.

쇼핑의 함정

남 얘기할 때가 아니네요. 사실 선생님도 그렇거든요. 나름대로 합리적으로 판단하고 따져본 뒤에 구매한다고 생각하는데 돌이켜보면 꼭 살 필요가 없었던 물건이 많았어요. 얼마 전에 홈쇼핑에서 시계를 하나 구입한 이야기를 해줄게요.

사실 선생님은 시계가 있어서 또 살 필요는 없었어요. 그런데 우연히 텔레비전 홈쇼핑을 보다가 사버리게 되었지요. 왜 그랬냐고요? 처음엔 예쁜 쇼호스트가 쉬지도 않고 설명하기에 호기심에 보게 되었어요. 화면에서는 화려한 조명 아래 시계가 번쩍번쩍 빛나고 있었고, 시계의 우아함을 드러내기에 좋은 클래식 음악이 흐르고 있었지요. 쇼호스트는 계속해서 현란한 수식어를 늘어놓았고 나도 모르게 광고에 점점 빨려들게 되더라고요.

게다가 영국 명품이라지 뭐에요! 사실 들어본 적도 없는 브랜드였지만, 명품이라니 왠지 좋아보였어요. 게다가 옆에 앉아 있던 유명 탤런트가 자기도 이 시계를 사용한다면서 부추기지 뭐에요. 유명 탤런트가 사용한다니까 더더욱 신뢰가 갔어요. 가격은 12만 9000원이었어요. 사실 13만 원에 가까운 돈인데 '12만 원'으로 보였어요. 그게 숫자 9의 힘인가 봐요. 게다가 자동주문전화를 하면 1만 원을 할인해주는 데다가 무이자 6개월 할부를 해준다면서 한 달에 2만 1500원밖에 안 된다는 걸 계속 강조했어요. 그러고 보니 한 달에 2만 1500원이면 싼 가격이다 싶었지요. 그 순간 12만 9000원은 눈에 들어오지도 않고 '한 달에 2만 1500원' 만 머릿속에 맴돌았어요.

이렇게 마음이 혹하고 있는데 귀걸이까지 끼워준다지 뭐에요. 이게 웬 횡재냐 싶었지요. '어? 이거 정말 싼 거 같아' 라는 생각에 '한번 사볼까' 하는 마음이 생기기 시작했어요. 그때! 쇼호스

GS홈쇼핑 명절방송 굴비(위)와 CJ홈쇼핑 명절방송 갈비(아래)의 한 장면.

홈쇼핑 이벤트를 잡자   사은품·카드 무이자할부 판매 등

홈쇼핑업체들은 이번 추석연휴가 짧아 귀향을 못하는 아들이 홈쇼핑을 통해 선물을 배송시키려는 수요가 많을 것으로 보고 추석 대목 잡기에 나섰다 홈쇼핑업체들은 고물가시대 큰 부담 없는 실속형 선물세트를 집중적으로 준비하는 한편 추가사은품 증정, 신용카드 무이자할부 등 다양한 이벤트도 벌이고 있다.

씨제이(CJ)홈쇼핑은 명절 최대 인기 품목인 식품의 방송 편성을 평소 대비 2배 이상 늘렸다. 특히 갈비의 경우 3~10일 일주일간 18회나 편성했다. 씨제이홈쇼핑의 대표 인기 상품인 '구본길 갈비'는 엘에이갈비 6팩(각 600g)에 추석 특집 추가 구성으로 갈비찜 3팩(각 700g)을 세트로 묶어 7만9900원에 판매한다. 프리미엄급 선물을 원하는 고객은 '1촌 1명품' 매장을 살펴볼 만하다. 1촌 1명품의 '한우외갈비 보섯 모듬 1호'(9만4000원)는 사골 2kg과 사태 600g을 세트로 만들어 어른께 선물로 좋다. 경남 사천시에서 재배하는 '다자연 친환경 녹차 세트'(총 160g, 3만8000원)도 선물용으로 적당하다. 향과 맛이 뛰어날 뿐 아니라 우수 농산물 인증(GAP), 친환경 농산물 인증을 받아 믿을 수 있다.

지에스(GS)홈쇼핑은 6~10일 '한가위 5일장' 특집방송을 진행한다. 이 기간에는 매일 2명을 추첨해 '지에스홈쇼핑 500만원 자유이용권'을 증정하는 총 5000만원의 경품행사도 열린다. '상왕가든 국내산 소갈비찜'(600g 6개 6만9900원)은 완전조리가 돼 있어 데우기만 하면 먹을 수 있는 갈비찜으로, 국내산 육우를 갈비명가 심원가는 양념 비법으로 조리했다. '구가네 잠굴비 대장'(5만9900원)은 20~22cm의 영광법성포 굴비 40마리에 방송 중 구입시 추가 20마리를 선물용 가방을 함께 준다.

현대홈쇼핑은 7일부터 7일간 방송, 카탈로그, H몰을 통해 구매한 고객 중 매일 20명을 추첨해 추석귀향 여비로 현금 10만원을 증정하고 8~15일 방송 상품을 구매한 모든 고객에게 1만원 할인쿠폰을 문자(SMS)로 보내주는 행사를 진행한다.

롯데홈쇼핑은 등심, 양지, 산적 등으로 구성된 '한우9품 1호'(16만5000원)를 내놨었다. 롯데백화점 포장으로 배송돼 선물용으로 적합하다. 9일 오후에는 순천농협과 연계해 '생율'(2kg 2만9900원)을 1회 방송에 3000세트 한정 판매한다. 한선회 기자

■ 우리는 우리의 지갑을 열게 하기 위한 끊임없는 유혹을 받고 있다. 홈쇼핑에서 추석을 맞아 벌이는 각종 이벤트를 알리는 기사. 〈한겨레〉 2008년 9월 5일자.

트 왈 "네, 지금 주문이 폭주해서 수량이 얼마 남지 않았습니다. 빠른 선택을 위해 ARS 자동주문전화를 이용해주세요." 빠르게 지나가는 자막마저 내 마음을 더욱 바쁘게 만들었어요. 화면 구석에 있는 시간 표시가 얼마 남지 않았음을 경고하기 시작했지요. 빠른 템포의 음악이 흐르기 시작했고 선생님은 점점 초조해

졌어요. 이쯤 되니 제품에 대해 좀더 고민할 여유를 잃게 되더라고요. 이 순간을 놓칠 순 없다는 생각에 수화기를 들어 주문해버리고 말았어요. 그리고 안도의 한숨과 기쁨의 미소를 지었어요. 난 성공했다 싶었지요.

나의 선택 아니면 누군가의 조종

이야기를 듣고 난 후 느낌이 어때요? 그 홈쇼핑을 보면서 시계를 사기까지 20분 동안 선생님은 시계를 사야겠다고 '선택' 한 것이 아니라 '조종' 당했던 거예요. 명품이며 유명 연예인이 사용한다는 권위와, 13만 원이 아니라 12만 9000원을 제시한 숫자 9의 착각, 그리고 빠른 음악과 화려한 조명 아래 수량과 시간 제한을 이용해서 내가 시계를 사도록 '조종' 한 거예요. 애초에 시계 살 마음이 전혀 없었는데 시계를 사고 싶은 '욕구' 를 갖게 만든 거지요. 어때요, 놀랍죠? 이런 일은 생각보다 많아요. 곳곳에 우리의 욕구를 부풀리는 장치들이 도사리고 있어요. 빵을 많이 팔기 위해 갓 구워낸 빵 냄새가 퍼지도록 백화점 지하 식품매장의 빵 코너를 에스컬레이터 주변에 배치하는 것처럼 말이에요. 다시 한 번 생각해보세요. 우리의 욕구는 누가 만드는 걸까요?

시장은 냉정하다

라면을 몇 개나 만들지

여러분, 라면 좋아하죠? 한 달에 몇 개나 먹나요? 한국 사람들은 평균 4~5일에 라면 하나를 먹는다고 합니다. 그런데 라면을 이번 달에 몇 개나 생산할지는 누가 결정할까요? 물론 라면공장 사장이 하겠죠. 시장경제에서는 무엇을 얼마나 어떻게 생산할지를 생산자가 알아서 자유롭게 결정하니까요. 그렇다면 라면공장 사장은 결정을 내릴 때 나라 전체에 라면이 몇 개나 필요할지를 생

■ 슈퍼마켓에 진열된 라면들. 라면과 같은 상품들의 값은 시장에서 파는 쪽과 사는 쪽이 모두 만족하는 값으로 결정된다.

각할까요, 아니면 어떻게 하면 내가 가장 돈을 많이 벌 수 있을까를 생각할까요? 물론 라면공장 사장은 어떻게 하면 자신에게 가장 이득이 될지를 고민하겠죠. 만약 사장이 판단을 잘못해서 라면을 너무 많이 생산하면 어떻게 될까요? 시장에서 다 안 팔리게 되니까 가격을 낮춰서 싸게라도 팔아버리려고 할 테고 또 다음에는 생산량을 줄이겠죠. 이렇게 시장에서 알아서 하도록 내버려두는 것이 정부가 일일이 나서서 라면 몇 개 생산하라고 간섭하는 것보다 훨씬 더 효율적입니다.

그런데 이렇게 생산된 라면은 누가 먹죠? 물론 먹고 싶은 사람이 먹죠. 그런데 어떤 사람이 라면이 먹고 싶다는 걸 시장이 어떻게 알아차릴 수 있을까요? 그래야 그 사람에게 라면을 공급할 수 있을 거 아니에요. 그냥 마음속으로 '나는 라면이 먹고 싶다'라고 생각만 하면 될까요? 그냥 바라기만 하는 건 아무 소용이 없겠죠. 아무리 간절히 원하더라도 말이에요. 시장은 라면 값을 내는 사람만 라면을 먹고 싶은 사람으로 생각해서 그 사람에게만 라면을 공급하겠죠. 돈을 낼 능력이 있어야 라면을 먹고 싶은 사람으로 인정된단 말이죠. 그러면 너무 배고파서 라면 한 그릇 생각이 간절하지만 10원 한 푼 없는 사람은 어쩌죠? 안타깝지만 시장은 그런 사람의 요구는 눈감아버리지요. 시장은 가장 먼저 돈을 내는 사람을 가장 필요한 사람으로 판단합니다.

어떤 의사가 정말로 필요할까

이번에는 의사에 대해 한번 생각해볼까요. 여러분이 만약 의대에 진학한다면 어떤 전공을 택할 것 같나요? 의대에 진학하기만 하면 좋겠다고요. 어쨌거나 요즘 의대생들은 외과나 산부인과 등 생명을 다루는 주요 진료과목에 갈수록 지원하지 않는 추세라고 합니다. 2005년 하반기 전공의 지원율이 산부인과는 21퍼센트, 외과는 22퍼센트밖에 되지 않고, 산부인과 1년차 수련의

네 명 가운데 한 명이 중도에 수련을 포기했다고 합니다. 왜 그
럴까요. 그것은 외과나 산부인과 의사가 되면 돈벌이가 안 좋기
때문입니다. 외과나 산부인과는 건강보험을 적용받는 환자가 대
다수인데다 보험 수가도 낮고 또 저출산 현상으로 환자가 줄어
들고 있는 상황입니다.[7)]

그렇다면 의사가 넘쳐나는 과는 어디일까요? 성형외과입니다.
요즘은 성형외과 전문의들이 아닌 의사들까지도 쌍꺼풀 수술,
지방 흡입술 등의 수술 기법을 배워 병원을 개업하고 있다고 합
니다. 성형외과는 보험이 적용되지 않기 때문에 돈벌이가 잘될
것이란 기대 때문에 외과 의사, 소아과 의사, 산부인과 의사들이
수년 동안 열심히 갈고 닦았던 전문기술을 버리고 성형외과 의
사로 변신하고 있는 상황입니다.

성형외과 의사들이 주로 하는 수술은 뭘까요? 쌍꺼풀, 사각턱,
코, 가슴, 얼굴 등 성형 수술의 대부분은 이런 미용 성형 수술입
니다. 팔, 다리의 접합이나 선천성 기형 수술 등 재건 성형 수술
은 전체 수술의 10퍼센트 정도밖에 되지 않는다고 합니다. 두손
병원이라고 들어봤나요? 안산에 있는 병원인데 우리나라에서
잘린 손가락을 이어주는 수술을 하는 유일한 전문 병원입니다.
손 접합 수술 환자가 많지 않아서 병원이 한 곳밖에 없는 것일까
요? 그렇지 않습니다. 요즘도 하루에 우리 노동자 150여 명, 이주

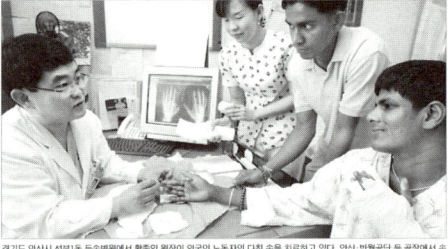
손가락 절단환자 5만명 접합수술
中·스리랑카등 외국 노동자 늘어

노동자 50여 명이 일하다 손을 다쳐 이곳을 찾고 있고, 지금까지 15년 동안 수술 받은 환자가 5만여 명이 넘는다고 합니다.[8]

돈이 되는 것만 공급하는 냉정한 시장

수술비를 기꺼이 지불할 능력이 있는 사람들이 원하는 쌍꺼풀 수술, 지방 흡입 수술을 해주는 병원은 넘쳐납니다. 하지만 수술비를 제대로 댈 능력이 없는 사람들의 잘린 손가락을 접합해주는 병원이 부족한 것은 시장이 돈이 되는 것만 공급하려고 하기 때문에 생기는 현상입니다.

시장은 다양한 물건을 잘 만들어내서 효율적으로 공급하는 탁월한 능력을 갖고 있지만, 가난한 사람들의 절박한 필요를 무시하는 냉정함도 갖고 있는 것입니다. 〈세상에 이런 일이〉라는 텔레비전 프로그램에서 발에 엄청나게 큰 혹을 20년이나 달고 사시는 할머니가 출연했습니다. 그 할머니는 얼마나 그 혹을 떼고 싶었을까요? 그런데 그 할머니가 수술비를 낼 능력이 없어 병원을 찾지 않는다는 이유만으로 '그 할머니는 수술을 하고 싶지 않아'라고 생각해버릴 수는 없는 일 아닌가요? 다행히 그 할머니는 방송사의 도움으로 수술을 받을 수 있었습니다.

발에 큰 혹이 달린 할머니의 수술처럼, 돈을 낼 능력은 없지만 절박하게 필요한 것들은 어떻게 해결해야 하는 걸까요?

지불 능력이 없는 사람의 '필요'는 어떻게 하지

시장은 우리가 필요로 하는 것을 때맞춰 공급하는 놀라운 힘을 가졌다는 사실을 앞에서 살펴보았습니다. 그래서 비싼 값을 감수하기만 하면 산꼭대기에서도 아이스크림을 맛볼 수 있고, 크리스마스이브에도 영화표를 구할 수 있습니다. 산꼭대기에서 아이스크림을 파는 일도, 영화관 앞에서 암표를 파는 일도 합법적인 것은 아니라고요? 맞습니다. 합법적인 일은 아니지만, 돈만 있으면 뜻한 바를 이룰 수 있다고요. 그것이 옳다 그르다 하는 판단은 잠시 미뤄두고 말입니다.

'돈만 있으면' 뜻한 바를 이룰 수 있습니다. 그렇다면 돈이 없으면 어떻게 되지요? 시장에서 말하는 필요란 지불 능력을 전제로 한 것입니다. 그러니까 시장은 지불 능력이 없는 사람의 필요는 무시합니다.

'존 큐'는 왜 인질극을 벌일까

계속 경제 공부만 하기 지루한데 영화 얘기 하나 해볼까요. 2002년 개봉했던 〈존 큐John Q〉라는 영화를 아시나요? 잘 모른다고요? 〈괴물〉이나 〈왕의 남자〉처럼 크게 뜬 영화는 아니지만 괜찮은 영화입니다. 덴젤 워싱턴이 주연한 할리우드 영화인데, 재미와 감동이 함께하는 영화입니다.

주인공 존 큐는 가정적이고 좋은 아빠인데, 정말 가난합니다. 부인과 사이도 좋고 귀여운 아들도 있습니다. 어느 날 초등학교 들어갈 나이의 아들 마이키가 야구를 하다가 갑자기 쓰러져 병원으로 실려갔습니다. 그리고 존 큐는 하늘이 무너지는 소리를 들어요. 조만간 새로운 심장으로 이식 수술을 하지 않으면 아들은 죽는다는 것입니다. 존 큐는 그 와중에도 희망을 잃지 않았습니다. 죽도록 가난하고 살림이 어려운데도 꼬박꼬박 보험에 들어왔거든요. 그러니까 보험으로 수술이 될 거라고 생각하지요. 그

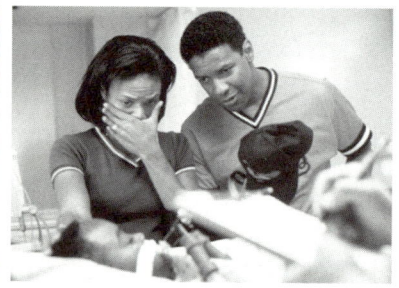

■ 영화 〈존 큐〉의 장면들. 이 영화는 아들의 심장이식 수술비가 없어 결국 인질극을 벌이는 아버지를 중심으로 미국 의료제도의 문제점을 보여주고 있다.

런데 아니었습니다. 그 보험은 싸구려 보험이라서 돈이 많이 들어가는 심장이식 같은 고급 수술에는 도움이 안 되는 것입니다. 수술비는 25만 달러인데, 보험회사에서는 2만 달러만 지원해준다고 합니다. 근근이 하루 벌어 하루 먹고사는 가난한 노동자 부부가 어느 세월에 그 큰돈을 마련하겠어요? 절망, 절망, 이런 절망이 없지요.

여러분이 존 큐라면 어떻게 했을 것 같아요? 부자 친척을 찾아간다고요? 원래 사람은 끼리끼리 살아요. 없는 사람은 친척도 가난한 법입니다. 친구도 돈이 없는 사람입니다. 부자는 부자끼리 친구하거든요. 손을 벌릴 데가 없네요. 은행을 턴다고요? 예, 비슷하게 맞췄네요. 존 큐는 은행까지 안 가고 현장에서 일을 저지릅니다. 그는 병원에서 인질극을 벌입니다. "우리 아들을 수술해달라"는 것이 그의 요구입니다. 끝이 어떻게 되는지 궁금한 사람은 영화를 직접 보세요.

이 영화를 보면서 선생님은 너무 너무 화가 났어요. 존 큐 가족에게 마이키의 수술은 정말로 필요한 것입니다. 수술만 하면 사는 생명을 돈이 없어서 잃게 되는 것처럼 가슴 아픈 일이 또 있겠어요? 가슴이 찢어진다는 말은 이때를 두고 하는 말이지요. 그런데 그냥 시장에만 맡겨두면 지불 능력이 없는 사람의 필요는 이렇게 무시당하는 것입니다. 이 '무시'가 때로는 목숨마저 잃게 합니다.

교육방송에서 가난한 노인들을 돕자는 캠페인을 합니다. 정말 기가 막힌 사연이 너무 많습니다. 병들고 가난하고 가족도 없는 노인들은 추운 바람을 막아줄 제대로 된 집도 없고, 병을 치료하기는커녕 당장의 통증을 가라앉혀줄 약도 제대로 살 수 없습니다. 식사도 부실합니다. 운신도 하기 어려운 몸을 이끌고 폐지를 주워 팔려고 거리로 나가는 모습을 보면 아무리 강철 심장도 눈물이 납니다. 그 노인들에게는 제대로 된 집, 치료, 식사 같은 것들이 너무나 필요합니다. 그런데 시장에서 이 필요는 무시당합니다. 왜냐하면 그 노인들은 돈이 없거든요.

좋은 시민이 좋은 정부를 만든다

돈이 없어 정말 필요한 것을 얻지 못하는 경우를 주위에서 많이 봤지요. 이런 것들은 어떻게 해결해야 할까요? 존 큐처럼 모두들 인질극을 벌일 수는 없는 노릇이잖아요. 그래서도 안 되고요. 이럴 때 정부에서 나서줘야 하는 것입니다. 옛날에는 홍길동이 나타나서 돈을 두고 가고, 로빈 후드가 구해주었지만, 이런 한두 명의 영웅이 해결하기에는 세상에는 절박한 필요를 무시당하는 가난한 사람들이 너무 많습니다. 그래서 정부가 나서는 것입니다. 좋은 사회보장제도는 시장이 무시하는 가난한 사람들의 필요에 귀를 기울이고 그 필요를 채워주는 일을 합니다.

정부가 그런 일을 잘못하면 어떻게 하지요? 바로 우리가 있습니다. 우리가 공부하는 이유 가운데 하나는 좋은 시민이 되어 좋은 정부를 만들기 위해서입니다. 좋은 정부를 만들어 가난한 사람들의 필요에도 응답하는 사회를 만들려고요. 아픈 가족의 수술을 위해 인질극을 벌이지 않아도 되는 사회, 할머니가 불편한 몸을 이끌고 폐품을 줍기 위해 거리로 나가지 않아도 되는 사회 말입니다. 가난해서 지불 능력이 없다는 이유로 삶의 절박한 필요가 무시당하지 않는 사회를 만들라고 말입니다. 정부가 그런 일을 잘못하면, 잘하라고 요구하는 것이 우리 시민의 일입니다.

가난한 사람의 인간다운 삶을 위해 정부가 돈을 쓰는 것은 가난하지 않은 사람에게도 좋은 일입니다. 왜냐고요? 한 사회에 지불 능력이 없는 가난한 사람이 너무 많으면 상품이 잘 팔리지 않습니다. 상품이 잘 안 팔리면 경기가 나빠집니다. 경기가 나빠지면 가난하지 않던 사람들도 소득이 줄어들어 가난해집니다. 그 유명한 세계 대공황은 극심한 빈부 격차로 인해 가난한 사람들이 구매력을 잃게 되어서 생긴 비극입니다.

시장에 맡길 수 없는 일이 있다

시장은 수많은 상품과 서비스를 생산하고 분배하는 일을 합니다. 시장 덕분에 우리는 모든 것을 스스로의 힘으로 해결하지 않고도 편리하게 살아갈 수 있습니다. 하지만, 시장이 모든 일을 할 수는 없습니다.

만약에 대통령을 뽑는 일을 시장에 맡긴다면 어떻게 될까요? 가장 높은 값을 부르는 사람에게 대통령직을 맡긴다면 어떨까요? 선거로 대통령을 뽑으면, 정치인들은 유권자들을 생각하며 정치를 하게 됩니다. 하지만 돈이 많은 사람이 대통령이 된다면 유권자인 시민들을 신경 쓸 필요가 없겠지요. 제멋대로의 정치가 판을 치게 될 것입니다.

대학입시를 시장에 맡긴다면 어떻게 될까요? 가장 높은 값을 부르는 사람부터 대학에 입학하게 한다면 제 아무리 공부를 잘해도 가난한 사람은 대학을 꿈도 꿀 수 없겠지요. 대학에 가기 위해 공부하기보다 돈을 모아야 한다면 어떻게 될까요?

시장에 맡길 수 있는 일과 시장에 맡길 수 없는 일을 구별하는 지혜가 필요합니다. 효율성을 높인다고 해서 무턱대고 시장에 맡긴다고 세상이 좋은 방향으로 바뀌는 것은 아닙니다.

마지막으로 중요한 이야기 하나. 다른 사람의 비극 위에서 행복해지려고 하는 것은 옳지 않습니다. 정말 행복해지려면 모두가 행복할 수 있는 길을 찾아야 합니다. 가난한 사람의 필요에도 귀를 기울이는 사회, 멋지지 않나요. 불가능하다고 말하지 마세요. 우리 인류는 온 세상 사람들이 불가능하다고 말리는 일에서도 가능성을 발견하고 그 꿈을 실현하려고 애쓴, 그 어리석은 바보들(그 바보들이 진짜 영웅이지요) 덕분에 이만큼 발전해온 것입니다. 모두가 꿈을 꾸면 그건 현실이 되는 것입니다.

의료 서비스를 시장에 맡기면?

최근 우리나라에서도 의료보험을 민영화하자는 얘기가 나오고 있습니다. 의료보험을 민영화한다는 것은 의료 서비스의 공급을 시장에 맡긴다는 이야기입니다. 앞에서 소개한 영화 〈존 큐〉에서도 알 수 있듯이 미국은 의료 서비스를 시장에 맡기고 있는 사회입니다.

마이클 무어 감독의 다큐멘터리영화 〈식코Sicko〉는 의료 서비스

■미국 의료보험의 문제점을 다룬 〈식코〉의 한 장면. 전기톱에 손가락을 다친 무보험 환자는 병원과 수술비를 놓고 흥정을 벌인다. 병원 측은 완전히 잘린 중지를 6만 달러에 수술받으면 약지는 1만 2000달러에 치료해주겠다며 '할인가'를 제시한다. 환자는 약지 하나만 1만 2000달러에 수술해 달라고 호소한다.

를 시장에 맡겼을 때 생겨날 수 있는 여러 가지 문제점을 파헤치고 있습니다. 이 영화를 통해 우리는 미국의 의료 실태에 관한 다음과 같은 사실을 알 수 있습니다.

• 미국은 전 국민을 대상으로 한 의료보험제도가 없는 세계에서 유일한 산업화 국가이다.

• 어린이들 가운데 900만 명 이상이 의료보험이 없다.

• 해마다 1만 8000명의 사람들이 보험이 없기 때문에 사망한다.

• 유엔개발계획의 〈인간개발보고서〉에 따르면 보험이 없는 사람은 일반적인 외래환자 치료를 받을 확률이 낮으며 피할 수 있는 건강상의 문제로 인해 입원하는 경우가 많다. 일단 입원하면

그들은 치료를 덜 받고 보험 환자보다 사망할 확률이 더 높다. 그들은 또한 예방적인 치료를 덜 받는다. 40퍼센트 이상의 비보험 환자들은 아플 때 갈 수 있는 곳이 없고 3분의 1 이상의 비보험 환자들은 본인 또는 가족이 비용 때문에 권장 치료나 처방약을 포함한 필요한 조치를 받지 못한 적이 있다고 말했다.

• 모든 파산 사례의 50퍼센트는 의료 비용 때문에 발생한다. 파산 신청자의 4분의 3은 의료보험이 있는 사람들이다.

• 엘살바도르에서 태어난 아기는 미국 디트로이트에서 태어난 아기보다 생존율이 높다. 디트로이트의 영아사망률은 15.5퍼센트이며 엘살바도르의 경우 9.7퍼센트이다.

• 캐나다인들은 미국인들보다 평균 3년 더 오래 산다.

• 미국 의학협회의 학술지에 실린 논문에서 미국 장년층은 영국의 장년층보다 눈에 띄게 건강이 나쁘다고 한다. 미국인들은 더 많은 당뇨, 심장마비, 뇌졸중, 폐질환, 암을 가지고 있다. 심지어 영국의 극빈자가 미국의 부자보다 더 오래 살 확률이 높다.

• 쿠바의 영아사망률은 미국보다 낮으며 유엔개발계획의 〈인간개발보고서〉에 따르면 평균 수명도 길다.

돈이 없으면 살 수 없을까

선생님의 딸 현진이가 여덟 살 때의 일이예요. 설을 앞두고 현진이는 일기를 쓰고 있었어요. 밤 10시, 딸아이가 자는 틈을 타서 몰래 일기를 읽어봤겠죠. 이건 인권을 침해하는 아주 나쁜 행동이라서 지금은 절대 하지 않습니다. 그날 일기엔 대략 이렇게 쓰여 있었어요.

"얼마 안 있으면 설날이다. 나는 설날이 추석보다 좋다. 설날엔 사람들이 복을 주기 때문이다. 작년에 나는 복을 아주 많이 받았다. 이번 설날엔 복을 더 많이 받았으면 좋겠다."

여덟 살 현진이가 말한 복이 무엇을 말하는지 대충 감이 잡히죠. 현진이는 사람들이 새해 복 많이 받으라는 소릴 돈 많이 받으라는 말로 이해한 것이죠. 사실 따지고 보면 그리 틀린 말은 아니지 싶네요. 그런데 유치원에 다니는 아이들까지도 좋아라하는 이 돈, 좀 유식하게 화폐라고 하죠.

화폐는 왜 생겨났을까

화폐는 언제, 무슨 이유로 만들어졌을까요? 언제 만들어졌는지는 잘 몰라도 왜 만들었는지는 다 알겠다고요. 그렇습니다. 아주 옛날엔 필요한 물건을 얻기 위해서 물건끼리 맞바꿔 썼다고들 합니다. 그런데, 각자 원하는 물건이 일치하지 않을 땐 아주 곤란했겠죠? 그래서 공동의 기준이 될 만한 것을 정해놓고 그것으로 물건을 바꾸었어요. 우리나라에선 쌀과 베가 그 역할을 했다면, 아프리카에서는 송아지가, 남태평양의 어느 섬에서는 조개 껍데기가 사용되었다고 합니다. 이 쌀과 베, 송아지, 조개껍데기 같은 것들을 '물품화폐' 라고 합니다.

그러다가 많은 양을 교환해야 하거나 먼 곳까지 가야 할 경우에 점차 금속으로 만든 물건들을 이용하는 풍습이 생겨났어요. 금속으로 만든 물건은 간수하기도 편하고 운반하기도 쉬우니까요.

■ 여러 나라에서 사용되고 있는 화폐들.

지금과 같은 동전 모습을 띠게 된 건 약 2500년 전 일입니다. 이렇게 화폐는 물품화폐와 금화와 은화를 사용하던 시기를 거쳐 오늘날의 다양한 형태의 화폐로 발전되었습니다.

옛날 사람들은 돈이 마법을 부린다고 생각했답니다. 왜냐하면 돈을 가진 사람은 물건뿐만이 아니라 다른 사람도 부릴 수가 있기 때문이었죠. 게다가 돈은 스스로 불어나는 재주를 가졌다고 생각했습니다. 돈을 빌려주면 이자를 받을 수 있었으니까요. 돈이 돈을 번 셈이죠. 옛날에는 돈이 자기 혼자 자식을 낳은 것으로 생각해서 많은 성직자들이 이자 받는 것을 금지하기도 했습니다.

다시 생각해보는 돈

셰익스피어의 희곡 『베니스의 상인』을 아시나요? 이 이야기에는 샤일록이라는 아주 사악한 고리대금업자가 등장합니다. 그는 안토니오에게 돈을 빌려줍니다. 약속한 날짜까지 돈을 갚지 못할 경우 안토니오에게 살 한 파운드를 내놓으라고 요구합니다. 『베니스의 상인』에는 이렇게 샤일록을 아주 나쁜 사람으로 그리고 있는데 여기서 돈을 가지고 돈을 버는 행위를 아주 나쁘게 생각했던 당시 사람들의 생각을 엿볼 수 있습니다.

하지만 세상은 계속해서 변화하고, 이제 돈을 가지고 돈을 버는 것이 아주 자연스럽고 유능한 것으로 평가받는 세상이 되었습니다. 재테크를 통해 돈을 버는 방법을 가르쳐주는 책들이 서점의 한 코너를 자랑스럽게 장식하고 있고 날개 돋친 듯 팔려나가고 있잖아요.

돈은 이제 교환을 편리하게 할 수 있도록 도와주는 매개 기능을 넘어서 스스로 가치를 만들어내는 존재로 변화하게 되었습니다. 돈을 가진 사람들은 생산적인 노동을 하지 않고도 많은 돈을 벌

수 있게 되었지요. 돈은 빈부 격차가 점점 더 커지게 하는데 일
조한 셈입니다.

돈이 없으면 살 수 없을까

구름마을에 언제부턴가 경기가 좋지 않아 실업자가 늘기 시작했
습니다. 목수인 김 씨는 집수리라면 뭐든지 할 수 있지만 일감이
없어 쉬고 있습니다. 이 씨 부부는 맞벌이를 하고 있어 어린이집
에 맡겨둔 아이를 제 시간에 데려오지 못해 늘 미안한 마음을 갖
고 있습니다. 농부인 박 씨 역시 수확한 작물이 시장에서 팔리지
않아 가슴이 타고 있습니다.

어느 날 박 씨 집의 하수구가 막혀버렸습니다. 사람을 불러 수리
를 하고 싶지만 돈이 없습니다. 이 씨 부부 역시 도우미를 쓰고
싶지만 저녁 시간에 잠깐 아이를 돌봐줄 사람을 찾기가 여의치
않습니다. 김 씨는 당장 쌀이 떨어져가는 터라 가슴이 답답합니
다. 모두가 돈이 없어 힘들어 할 때 누군가가 외칩니다.

"왜 돈이 없으면 아무것도 못하지?"

박 씨는 가끔 이 씨 부부의 아이를 어린이집에서 데려와 저녁을
먹이고 돌봐주게 되었습니다. 그리고 3시간 '노동쿠폰'을 받습
니다. 김 씨는 박 씨 집의 막힌 하수구 뚫어주고 2시간 노동쿠폰

대신 박 씨에게서 쌀을 받았습니다. 노동쿠폰은 구름마을 안에서 누구나 사용하게 되었고, 나이가 들었어도 노동할 의사가 있는 사람은 모두 일할 수 있게 되었습니다. 이로 인해 구름마을 사람들은 이웃의 고마움을 느끼며 더욱 행복해졌습니다.

돈의 고유한 기능을 되살리는 대안화폐

이처럼 어떤 사람들은 돈이 돈을 버는 세상에 문제가 있다고 생각하기 시작했습니다. 그래서 그 문제를 해결할 방법을 고민하게 되었지요. 그 방법 가운데 하나가 '새로운 화폐'를 만들어내는 것이었습니다. 이때 새로운 화폐는 가치를 증식하는 수단으로는 사용될 수 없고, 오직 교환의 매개로만 사용됩니다. 일할 능력이 있는 사람은 자신의 노동을 제공하고 그 지역에서 사용할 수 있는 새로운 화폐를 받는 것이죠. 그 지역에서만 쓰인다고 해서 지역화폐라고도 하고, 이자가 없고 사람과 물건의 가치를 재발견한다는 뜻에서 대안화폐라고도 부릅니다.

여러 곳에서 지역화폐를 사용하는 운동이 펼쳐지고 있는데 그 가운데 활성화된 대표적인 곳이 대전의 '한밭레츠'입니다. 이곳에서의 화폐 단위는 '두루'입니다. 두루는 우리말 두루두루에서 따왔다고 하는데 1두루는 1원과 같이 쓰입니다. '레츠'는 지역

한밭레츠에서 다달이 여는 품앗이 만찬에 참여한 회원들이 웃으며 이야기를 나누고 있다. 회원들은 3천~5천원 이내의 소액은 대안화폐인 '두루'로 결제하고 나머지는 현금으로 지급한다. 행사 때 도우미 활동 품앗이로 하기도 한다. _한밭레츠 제공_

대전화폐공동체 '한밭레츠'

돈 없이 '두루두루' 잘살게

'돈돈돈 돈돈돈 악마의 금전 ~' 1980년대 대학가에서 불렸던 노래 가사의 한 구절이다. 요즈음 이런 노래를 부르면 미친 사람으로 취급받는다. 돈은 성공의 잣대가 됐다. 돈을 많이 버는 사람은 사회적으로도 가치있는 일을 하는 사람으로 평가받는다.

돈에 얽매이지 않고 풍요롭게 살 수 있는 방법은 없을까? 돈으로 재화나 서비스를 사는 대신 마음이 담긴 친절을 주고받을 수는 없을까. 그런 고민에서 나온 것이 지역화폐, 현대판 품앗이라고 이해하면 된다. 대표적인 지역화폐는 대전의 한밭레츠다.

한밭레츠 회원인 최정혜(44)씨는 초등학생인 두 아이들과 치과에 자주 간다. 치료비는 대부분 지역화폐인 '두루'로 낸다. 내과와 소아과를 갈 때도 3천원까지는 두루로 계산하면 된다. 약값도 1500원까지는 두루로 낸다. 이렇게 두루로 내면 최씨의 계정에는 '빚'이 쌓이게 된다. 대신 최씨는 친환경 비누와 세제를 만들거나 팔거나 동화책 읽어주기나, 아이들 행사 때 도우미 활동 등으로 '빚'을 갚는다.

지역화폐는 이처럼 재화나 서비스를 교환하는 시스템이다. 물물교환과 달리 맞교환이 아니기에 두루라는 가상화폐가 매개체가 된다. 어떤 회원은 농산물을 팔아서 번 두루로 동화책, 장난감, 배내옷 등 유아용품을 구입한다. 다른 회원은 대금을 가르쳐 주고 번 두루로 자동차 수리비를 결제하기도 한다.

물론 모든 재화와 서비스를 두루로 살 수 있는 것은 아니다. 3천~5천원 이내의 소액은 두루로 결제하고 금액이 클 경우 20~30%는 두루로, 나머지는 현금으로 지급한다. 회원 수가 많지 않아 두루의 사용처가 아직은 제한적이기 때문이다.

현대판 품앗이 회원 580명
병원~카센터 가맹점 60곳
"자본주의 제도 대체 실험"

한밭레츠의 회원은 580여명. 1999년 처음 시작할 때 70명이었던 데에 견주면 크게 성장했다. 매년 회원 수가 60여 명씩 늘고 있다. 가맹점도 60여 곳이나 된다. 병원, 약국, 한의원, 미용실, 삼겹살집, 카센터 등에 이르기까지 종류도 다양하다. 처음 시작했을 때 수십 건에 불과하던 거래량도 월 300~600건으로 크게 늘었다.

그럼에도 한밭레츠의 실험은 여전히 진행형이다. 두루지기 박현숙씨는 "회원들의 삶에서 지역화폐가 차지하는 비중은 크지 않지만 한밭레츠는 자본주의 제도를 대체할 중요한 실험 가운데 하나"라고 평가했다. _대전/권복기 기자_

■ 대안화폐 '두루'를 사용하는 한밭레츠의 활동을 다룬 기사. 〈한겨레〉 2007년 5월 15일자.

공동체 안에서 물건과 노동력을 주고받는다는 뜻에서 나온 영어 약자 LETS, Local Exchange & Trading System 입니다.

이런 운동은 가난에 던져진 실업자를 구제하기 위해 1983년 캐나다에서 시작되어 전 세계로 확산되었습니다. 우리나라에선 1997년 말에 터진 IMF사태를 기점으로 대전의 한밭레츠를 비롯해 몇몇 지역에서 지역화폐운동을 벌이고 있습니다.

그럼, 한밭레츠에서 쓰이는 두루의 사용 방법을 알아볼까요? 예를 들어 내가 아기돌봄이로 세 시간을 일했다면 시간당 5000두루로 계산해 1만 5000두루를 번 셈이 됩니다. 이렇게 번 두루로 실제 물건을 살 수도 있고 병원에도 갈 수 있습니다. 두루를 사용할 수 있는 한밭레츠 가맹점에는 한의원도 있고 치과, 약국, 음식점, 술집, 학원, 유치원 등 아주 다양하기 때문이죠. 농부 회원을 통해서 쌀과 채소를 구입할 수도 있고, 쓰지 않아 내 놓은 물건을 살 수도 있습니다. 물론 이 경우엔 아주 저렴하지요.

민들레의원의 경우 대부분 두루로 치료비를 내는 반면, 의료보험 적용이 적은 민들레한의원에서는 50퍼센트를 두루로 받는 받는답니다. 두루로 받은 돈을 병원은 다시 직원들 월급을 주거나 생필품을 사는데 쓰는 등 일반 화폐와 똑같이 활용합니다.

이렇게 한 지역 내에서 쓰이는 지역화폐는 일자리를 만들어내기도 하고 지역 내에서 생산되는 농산물과 물품을 소비함으로써 지역 경제를 살리는 역할을 합니다. 불필요한 소비를 줄임으로써 자연스레 환경보존운동에 동참하기도 하지요. 그러나 무엇보다도 이 과정에서 이웃 간의 신뢰와 정을 돈독히 하는 것이야말로 가장 큰 소득이 아닐까요.

돈은 사람을 위해 만들어진 것이잖아요. 그렇다면 돈이 사람을 위해 일하는 것이 정상이겠죠. 사람이 돈을 위해 일하는 것은 정상이 아닐 수 있다는 말이지요. 시계 바늘을 과거로 돌리자는 얘기가 아닙니다. 다만, 생각해보아야 한다는 것이지요. 돈이 과연 무엇인가, 어떻게 해야 사람을 위해 일하게 할 수 있을까 하고 말이죠.

마이너스 이자율을 가진 화폐

근대 이전의 화폐를 보면 그 중에는 마이너스 이자가 붙어 가치 저장의 기능을 발휘할 여지가 없었음을 알 수 있다. 대표적인 것으로 고대 이집트의 화폐와 중세 유럽의 화폐가 있다.

고대 이집트에서는 농민이 수확한 밀을 맡기면 밀의 양과 날짜가 적힌 도자기를 받아 그 조각을 화폐로 사용할 수 있었다. 그러나 6개월 뒤 10개의 도자기 조각을 반환해도 9개 도자기 조각에 상당하는 밀을 받았다. 나머지 1개는 밀의 보관비용으로 징수된 것이다. 오래 지니고 있을수록 도자기의 가치는 감소하기 때문에 농민들은 그것을 모아두지 않고 농지와 관개시스템에 투자했다. 마이너스 이자율을 가진 도자기 시스템은 농업의 확대재생산을 유도하는 효과를 낳았다. 이 시스템은 1000년 이상 지속되었지만 로마가 이집트를 정복했을 때 폐기되었다.

비슷한 일이 중세 유럽에서 일어났다. 서기 1150년경부터 1300년 경에 이르기까지 봉건 영주가 발행한 은자銀子가 화폐로 유통되었 는데 6개월에서 8개월 주기로 은자를 회수해 1개월당 2~3퍼센트 를 세금으로 징수한 후 재발행했다. 은자는 마이너스 이자율을 가진 것이다. 그 결과 중세의 농민들은 이집트의 농민들처럼 은 자를 모아두지 않고 농지개량, 장식용 벽걸이, 회화 그리고 교회 의 성당건축에 투자했다. 성당에 대한 투자가 마이너스 이자율을 가지고 있던 은자 시스템에 의해 촉진된 것이다.

흔히 3대 종교라고 불리는 이슬람교, 불교, 기독교에서는 이자를 취하는 것을 금지하고 있었다. 가톨릭이 이 가르침을 '잊어버리 고' 토지보유자였던 교회가 스스로 자산가가 된 것은 19세기 말 에 나타난 극히 새로운 현상이다.

- 가토 토시하루, 제진수·윤전우 옮김, 『에코머니』, 이매진, 2006.

2장

부동산

주거권은
보장되어야 한다

산타할아버지, 이층 양옥집 선물해주세요~

해마다 크리스마스가 다가오면 선생님은 어린 두 딸에게 물어보곤 합니다.

"산타 할아버지한테 무슨 선물 받고 싶어?"

여러분은 뭐라고 대답했나요? 만약 선생님이 어렸을 때 그 질문을 받았다면 아마도 이층 양옥집을 받고 싶다고 대답했을 거예요. 선생님이 자란 곳은 지방의 작은 도시, 거기서도 변두리였습

니다. 'ㅁ' 자형 집에 서너 가구가 세 들어 살았는데, 그 집뿐만
아니라 그 동네가 너무 부끄럽고 싫었습니다. 어떻게 생긴 집이
었냐고요? 2007년에 개봉한 영화 〈1번가의 기적〉에서 철거를 앞
둔 1번가 집들을 연상하면 대충 비슷할 것 같아요.

선생님이 살던 집은 장마철이 되면 '이 집이 떠내려가면 어떡하
지?' 걱정할 정도로 낡고 허름했답니다. 어쩌다 잘사는 친구 집
에 놀러갈 때면 부러움과 함께 묘한 서글픔이 뒤범벅이 되어 집
으로 돌아오곤 했습니다.

'나도 화장실이 집 안에 있는 집에 살면 매일 저녁 이 닦는 일도
즐거울 거고, 밤이면 집 밖에 있는 화장실 가는 것이 무서워 언니
를 졸라 같이 가는 일도 없을 텐데……'

어린 시절 내내 바라던 소원이 이루어진 건 고등학교에 진학하
고 나서였습니다. 이렇게 말하고 보니 선생님이 아주 나이가 많
은 것처럼 느껴지겠지만, 그리 오래전이 아닌데도 선생님처럼
살았던 사람들이 아주 많았답니다. 어쨌거나 '꿈★은 이루어진
다!' 이게 통한 셈이지요. 새집으로 이사 간 후 비로소 나는 그동
안 절대로 집에 데려오지 않았던 친구들을 초대하기 시작했습
니다.

유년 시절을 우울하게 했던 그 집과 마을을 벗어남으로써 새로
태어난 기분이 들었습니다. 그런 기분을 느낀 건 선생님만이 아

■ 〈1번가의 기적〉의 한 장면.

니었습니다. 선생님의 아버지는 당신 이름이 새겨진 문패를 달
며 한동안 목에 뜨거운 것이 올라오는 걸 느꼈다고 하셨거든요.
서로 말은 안했지만 우리 가족 모두가 '우리 집'을 갖고 싶은 욕
망이 컸던 것이지요. 우리 가족만 그런 걸까요? 물론 아니죠.

한동안 인기를 끌었던 방송 프로그램 중에 '러브하우스'가 있었
습니다. 딱한 처지에 놓인 사람들을 찾아가 그들의 보금자리를
쓸모 있고 아름답게 고쳐줌으로써 고달픈 삶을 살아가는 이들에
게 희망을 불어넣는 프로그램이었죠. 이처럼 어떤 집에 사느냐
가 그 사람의 삶의 태도를 바꿔놓기도 합니다.

옥탑방·반지하에 산다는 건

드라마에선 옥탑방이 아주 예쁘고 낭만적으로 묘사되기도 하지만, 여름엔 너무 덥고 겨울엔 너무 추워서 다른 집보다 냉난방비에 들어가는 비용이 꽤 크답니다.

반지하방은 어떻고요. 선생님이 서울에서 친구와 자취할 때 반지하방에 세 들어 산 적이 있었어요. 그런데 참 이상하죠? 반지하방에선 아무리 잠을 많이 자도 물먹은 솜처럼 몸이 개운하지 않은 겁니다. 게다가 장마철이면 언제 넘어들어 올지 모르는 물난리에 대한 두려움도 컸습니다.

선생님의 한 친구도 어려서 반지하방에 살았습니다. 부모님께서 맞벌이를 하시느라 친구는 어린 동생과 항상 반지하방에서 놀곤 했는데, 그 때문인지 그 친구의 동생이 뼈에 이상이 있는 구루병에 걸렸습니다.(햇볕을 못 받으면 생긴다는 병, 들어봤죠?) 등이 약간 굽은 탓에 어릴 적엔 놀림을 받아 맘고생을 많이 했습니다. 사춘기가 지나고 두 차례 큰 수술을 거치고 나서야 굽은 등을 펼 수 있었습니다.(이 수술은 성장을 마쳐야 할 수 있었다네요.) 친구의 동생은 그때 1년여 간의 병원 생활에 질려서 지금은 아무리 아파도 병원이나 약국 가는 걸 무척이나 싫어한답니다.

내 친구의 동생처럼 구루병에 걸리는 경우는 드물다고 해도 통계자료를 보면 반지하방에 사는 사람들이 천식이나 알레르기, 아토피 증세를 많이 보인다고 합니다.

요즘엔 '나홀로 가구'가 늘면서 고시원이나 고시텔에 거주하는 사람들도 많아졌습니다. 붕어빵에 붕어가 없듯이 고시원에 고시생이 사라진 지 오래라지요. 고시원에는 평균생활비가 50만 원도 안 되는 노동자들이 가장 많이 살고 있답니다. 2평(약 6.6제곱미터) 남짓한 공간에 침대와 책상, 작은 옷장이 놓인 그곳은 방과 방이 연달아 있고 공용 화장실과 부엌, 세탁실이 있어 큰돈 없이 월세만으로 살아가는 가난한 사람들에겐 새로운 보금자리가 되고 있습니다. 방이 다닥다닥 붙어 있어 벌집이라고도 하는데, 창문이 없는 방도 많습니다. 때문에 이런 곳에 불이라도 나면 피해가 아주 커집니다. 그나마 돈이 없어 이곳에도 들어갈 수 없는 사람들은 만화방이나 찜질방을 전전하며 생활하기도 합니다.

나쁜 주거환경 때문에 고통받는 사람들이 이렇게 많은데, 살 만한 집에 대한 기준이 있어야 하지 않을까요?

누구나 살 만한 집에서 살 수 있어야 해

유엔에서는 '저소득층뿐만 아니라 모든 사람의 주거권이 사회·경제·문화적 권리로써 보장되어야 한다'고 선언했습니다.

때문에 우리나라에서도 최저주거기준을 정하고 있는데, 예를 들어 3인 가족의 경우 최저주거기준은 침실 2개, 수세식 화장실, 부엌 공간 등 주거 면적이 11제곱미터(약 8.8평) 이상이어야 합니다. 전국적으로 통계를 내보면 10가구당 1.6가구가 최저수준의 생활을 하고 있습니다. 물론 사람들이 몰려 있는 수도권에 그 수가 더 많습니다.

그런데 생각보다 아주 많은 이들이 최저주거기준에도 미치지 못하는 곳에서 살고 있습니다. 그 이유는 우리나라 주택법에서 '최저주거기준'을 정해만 놓았지 그것을 누릴 수 있도록 제도적으로 보장해주고 있지 않기 때문입니다. 예를 들어 가족 수가 4명이지만 경제적 능력이 없어 단칸방에 살고 있는 경우, 이들이 최저주거기준에 맞춰 방 3개짜리에 살 수 있으려면 어느 정도의 경제적 지원이 필요할 것입니다. 하지만 현재 이러한 제도적 지원 장치가 없답니다.

그런데 최저주거기준은 무엇을 '기준'으로 했을까요? 모르겠다고요? 앞 문장을 다시 읽어보세요. 사람 수(가구원 수)에 따른 방의 개수, 부엌, 수세식 화장실을 갖춘 전체 면적! 맞습니다. 그런데 여기에 뭐가 빠져 있을까요? 그래요 '위치'가 빠져 있지요. 그 외에도 주변 환경은 전혀 고려하고 있지 않습니다. 같은 방이라도 옥탑방인지, 반지하방인지는 최저주거기준으로는 알 수 없습니다.

선생님의 어린 시절로부터 25년이나 지났지만 주위를 살펴보면 크리스마스 선물로 '좋은 집'을 받기 원하는 아이들이 여전히 많지 않을까 하는 생각을 다시금 하게 됩니다.

자, 여러분들은 어떤 집을 선물 받고 싶으세요?

아파트로
이사 갈 수 있을까

달팽이가 부럽다

"달팽이집을 지읍시다, 어여쁘게 지읍시다, 점점 크게 점점 크게 달팽이집을 지읍시다…"

여러분들 달팽이 알죠? 등에 동그란 집을 거추장스럽게 지고 다니잖아요. 그런데 이런 달팽이를 사람들이 부러워한다고 합니다. 왜냐고요? 달팽이는 태어날 때부터 집을 갖고 나오니까요. 어때요, 들으니까 재미있기보다 쓸쓸하지요? 선생님도 그래요.

얼마나 집이 없는 게 서럽고 집 장만하기가 힘들면 이런 얘기까지 할까 하는 생각이 듭니다.

해민이는 지금 중학교 3학년 여학생으로 엄마, 아빠 그리고 중학교 1학년 여동생과 같이 방이 2칸인 다세대주택 2층에 전세로 살고 있어요. 자기 집이 아닌 전세로, 그리고 방이 2개뿐이라 어려움도 있고 불편하기도 합니다.

자기 집이 아니다 보니 얼마 전에는 좀 이해하기 힘든 일도 있었어요. 3층에는 주인집이 살고 있는데, 해민이가 자기 방에 예쁜 액자를 하나 걸기 위해 못을 박는데 주인집 할아버지가 내려와서는 남의 집 망가지게 왜 함부로 못을 박느냐고 하시면서 화를 냈습니다. 살면서 집에 못 하나 안 박고 살 수가 있는지 해민이는 도저히 이해가 안 되더라고요. 그리고 방이 2칸이라 동생과 같이 방을 쓰는 게 불편해서 좀더 넓은 아파트로 빨리 이사를 가서 자기 방을 갖고 싶어 합니다. 게다가 근처에 새 아파트단지에 사는 아이들을 보면 다세대주택 동네에 산다고 주눅 드는 마음도 생기거든요. 그래서 빨리 아파트로 이사를 가고 싶답니다. 여러분도 해민이의 이런 마음 이해할 수 있지요.

해민이의 엄마, 아빠도 이제까지 자기 집이 없어 다세대주택으로 여러 번 이사를 다니셨기 때문에 이런 어려움과 불편함을 잘 알고 있어요. 그래서 빨리 돈을 모아 방이 3개이고 넓은 거실이 있는 아파트를 사서 이사 가려고 알뜰하게 저축하고 있습니다.

철조망에 가로막힌 등굣길

해민이가 다니는 중학교에는 해민이처럼 다세대주택에 사는 아이들과 새로 지은 넓고 깨끗한 아파트단지에 사는 아이들이 같이 다니고 있어요. 학교가 새 아파트단지 근처에 있어서 학교를 오고갈 때 아파트단지를 통해서 다니고 있습니다. 그런데 얼마 전부터 도저히 이해할 수 없는 일이 생겼습니다.

해민이가 동네 친구들과 학교 다닐 때 이용하는 그 아파트단지 입구에 이 길로 다니면 위험하다는 안내문과 함께 아파트 사람들이 철조망을 설치했습니다. 아파트 공사 때 뒤쪽으로 한참을 빙 돌아다니다가 이제야 곧바로 갈 수 있어 편해졌었거든요. 일주일 전에는 해민이네 동네 아이 중 하나가 철조망을 통과해 학교에 가려다가 얼굴이 다치기도 했어요. 물론 그 전에도 아이들의 교복이 찢어지는 일도 있었고요. 오히려 철조망 때문에 위험해졌는데 아이들이 지나다니는 게 왜 위험한지 도저히 모르겠더라고요. 나중에 이야기를 들어보니 아파트 주민들이 자기들보다 못사는 다세대주택 동네의 아이들이 자꾸 지나다니면 아파트단지의 이미지가 나빠지고 아파트 값이 떨어진다고 철조망을 쳤다는 겁니다. 해민이와 친구들은 이 말을 듣고 얼마나 기분이 나빴는지 몰라요. 해민이의 엄마, 아빠도 이 말을 듣고서 기분이 상하셨는지 씁쓸하게 웃으시고는 조금만 있으면 우리도 아파트로 이사 갈 수 있을 거라고 말씀하셨습니다.

아파트로 이사 갈 수 없는 이유

그런데 해민이네 부모님은 엄청 오르는 아파트 값을 보며 걱정하시다가 결국은 아파트로 이사 가는 것을 포기했어요. 엄마, 아빠가 열심히 벌고 아껴 쓰며 저축해도 천정부지로 오르는 아파트 값을 도저히 따라잡을 수 없기 때문입니다. 아파트 값이 4년 전에 비해서 거의 30퍼센트 이상이나 올랐어요. 그러니까 해민이네가 이사 가려고 하는 방 3개가 있는 3억 원짜리 32평(약 105.7 제곱미터) 아파트가 4억 원으로 올랐다는 겁니다. 그래서 3억 원짜리 아파트를 사려고 저축하고 있던 사람들은 4년 안에 1억 원 이상을 더 모아야 살 수 있게 된 겁니다. 그러면 한 달에 얼마를 더 저축해야 할지 계산해 볼까요.

1억 원 ÷ 48개월 = 2,083,333원

결국 지금 저축하고 있는 액수에다가 한 달에 200만 원 이상을 더 저축해야 한다는 계산이 나옵니다. 여러분이 생각하기에 가

■ 한 아파트단지의 모습. 2006년 통계에 따르면 서울의 집값은 세계 6위이고, 서울 지역의 32~33평 아파트를 장만하는 데는 29년 정도가 걸린다.

능할 것 같나요?

2006년 통계에 따르면 서울 집값은 세계 6위인데, 도시 노동자들이 서울 지역에서 방 3칸이 있는 32~33평 아파트를 장만하는 데 29.1년이 걸리고, 전국적으로는 18.6년이 걸린다고 합니다. 그리고 서울 강남에 있는 아파트를 마련하는데 44년이 걸린다고 해요. 상상할 수 있나요? 여러분이 20대 중반이나 후반에 취직해서 돈을 벌기 시작한다면 50대 중반이 넘어서야 집 한 채를 갖게 된다는 겁니다. 집 한 채 장만하려고 그 나이까지 허리띠 졸라매고 뼈 빠지게 고생해야만 가능한 일입니다. 그러고 보면 정말 태어날 때부터 집을 가지고 나오는 달팽이가 차라리 부럽다는 생각이 들만도 합니다.

아파트를 사는데 얼마나 걸릴까

그런데 이 통계도 문제가 있어 보입니다. 이 통계는 도시 노동자 가구의 연평균 소득이 4000만 원 정도이고, 우리나라 평균 저축률이 수입 대비 20퍼센트이니 1년에 800만 원 정도를 저축한다는 가정 하에 만들어진 겁니다. 과연 우리나라의 모든 도시 노동자 가구가 연간 4000만 원의 소득을 벌 수 있을까 하는 생각도 해봐야지 않겠어요.

해민이는 학교가 끝나고 집으로 가는 길에 지금 막 입주하기 시작한 학교 건너편 25층짜리 새 아파트를 올려다보았습니다. 그리고는 사회 수업시간에 선생님께서 저기 학교 건너편에 새로 지은 방 3개짜리 32평 아파트가 최소 4억 원은 넘을 거라고 말씀하셨던 게 생각이 났습니다. 선생님은 저것을 하나 장만하려면 얼마나 걸릴지 한번 단순하게나마 계산해보자고 하셨어요.

첫 번째, 월급을 100만 원 정도밖에 못 받는 노동자들이 1500만 노동자 중에서 55퍼센트가 넘는다고 하니까 이들을 먼저 생각해 볼까요. 부부 중 혼자서 비정규직으로 월 100만 원 정도 번다고 하면 그 중 생활비 빼고 엄청 절약해서 30만 원씩 모은다면 얼마나 걸릴까요? 이건 너무 극단적이니까 부부가 같이 비정규직으로 월 200만 원정도 벌고 40만 원 정도씩 저축한다면 얼마나 걸릴까요?

40만 원 × 12개월(1년) = 480만 원

480만 원 ×　년 = 4억 320만 원

답:　년

두 번째, 4년제 대학을 졸업하고 나서 1년에 3000만 원 정도를 혼자 벌고 1000만 원을 저축한다면 얼마나 걸릴까요?

1000만 원 ×　년 = 4억 원

답:　년

세 번째, 대학을 졸업한 맞벌이 부부로 1년에 6000만 원 정도를 벌고 2000만 원을 저축한다면 얼마나 걸릴까요?

2000만 원 × 년 = 4억 원

답: 년

첫 번째 답은 84년이고, 두 번째는 40년, 세 번째는 20년입니다. 이런 계산을 하다가 해민이는 자기네 집의 경우를 계산해보았어요. 아버지는 중소기업에 다니시면서 1년에 3000만 원 정도 버시고 엄마도 아빠를 돕겠다고 아파트단지에 있는 대형마트의 계산원 일을 하시는데, 1년에 1000만 원 정도 벌고 계십니다. 넉넉잡아 1년에 1200만 원씩 저축한다고 해도 10년이면 1억 2000만 원, 20년이면 2억 4000만 원, 그리고 30년이 돼야 3억 6000만 원⋯⋯. 그럼 엄마, 아빠의 나이가 몇 살이 되어야 아파트 한 채를 장만할 수 있다는 걸까요? 갑자기 해민이는 머리가 복잡해지고 아파오는 것 같은 느낌이 들어 계산하는 것을 그만두어 버렸어요. 해민이네는 정말 아파트로 이사 가는 것이 가능할까요?

집값은 왜
오르기만 할까

새우깡과 집값

무슨 제목이 이러냐고요? 가격이 오르지 않는 것이 어디 있냐고
요? 대부분의 물건 가격은 계속 오르죠. 선생님과 나이가 같은
과자 새우깡도 처음 나온 1971년엔 50원이었어요. 그런데 지금
은 800원이나 하잖아요. 새우깡도 그 사이 무려 12배나 가격이
올랐어요. 우리나라처럼 급속한 경제성장을 한 나라에서 물가가
많이 오른 것은 어찌 보면 당연한 일이기도 합니다.

집값이 왜 문제냐 하면 그건 우리나라 집값, 땅값이 올라도 너무 많이 올랐기 때문입니다. 세계에서 유래를 찾아보기 힘들 정도로 많이 올랐습니다. 지난 40년 동안 IMF사태 직후 한두 해를 제외하고는 줄기차게 오르기만 했거든요. 그것도 아주 많이.

그리고 집은 다른 물건들과는 다릅니다. 새우깡이 700원 하다가 갑자기 1500원으로 오르면 안 사 먹으면 그만이죠. 그런데 집은 사람이 살아가는 데 없어서는 안 되는 꼭 필요한 것입니다. 그런 집값이 갑자기 두 배로 오르면 어떡하죠? 집 한 채 마련해서 안정적으로 살아보려고 열심히 저축하는데, 집값이 갑자기 두 배로 오른다면 말이에요. 게다가 전세마저 덩달아 올라서 살던 집에서 쫓겨나게 생겼다면? 반면에 어떤 사람은 집이 여러 채 있어서 가만히 앉아서 재산이 두세 배로 늘고, 늘어난 재산으로 또 집을 사서 재산이 더 늘어난다면? 아니면, 똑같이 열심히 일해서 같은 값의 집을 샀는데, 내가 산 집은 가격이 별로 안 오른 반면에 내 친구가 산 집은 두세 배가 올랐다면 어떻겠어요?

물가는 10배, 서울 땅값은 37배

생각해보니까 집값 문제가 심각하죠? 그럼 이제부터 우리나라의 집값, 땅값이 얼마나 올랐는지 한번 살펴볼까요.

우리나라 전국의 땅값은 1974년부터 2004년까지 30년 만에 19배로 올랐다고 합니다. 물론 대도시의 땅값은 이것보다 훨씬 많이 올라서 무려 30배가 올랐고, 그 중에서도 서울 땅값은 더 많이 올라서 37배나 올랐습니다. 물론 서울에서도 강남의 땅값은 훨씬더 많이 올랐겠죠. 어쨌든 30년 동안 물가는 10배로 올랐다는 걸기억하면 집값, 땅값이 다른 물가에 비해 얼마나 올랐는지 알 수있죠.

이렇게 많이 올랐으니, 지금 우리나라의 집값, 땅값이 엄청 비싼건 당연한 일입니다. 우리나라 평균 땅값은 일본에 이어 두 번째로 높고, 영국의 5배, 미국의 50배나 된다고 합니다.

■ 오래된 아파트들은 재건축 사업 승인이 이뤄지면서 집값이 단기간에 급등한다.

땅값이 비싸니까 집값도 당연히 세계 최고 수준입니다. 2004년 서울 강남의 33평(약 109제곱미터) 아파트 평균 매매 가격은 7억 4000만 원 정도인데, 이건 미국 뉴욕 맨해튼의 아파트 가격과 비슷한 수준이라고 합니다. 타이완은 우리의 3분의 2 수준이고, 싱가포르는 절반이 안 되는 가격입니다. 그런데 미국의 국민소득은 우리나라의 세 배, 타이완이나 싱가포르는 두 배 수준이라는 겁니다. 그러니 우리나라 아파트 가격이 얼마나 비싼지 이제 알겠죠.

집값이 계속 오르는 이유

뭔가 이상하지 않나요? 우리가 배운 대로라면, 집값이 오르면 집을 사려는 수요가 줄어들고, 집을 사려는 수요가 줄어들면 집값은 자연스럽게 내려가야 하는 건데, 왜 집값은 계속 오르기만 하는 걸까요?

그건 사람들이 집을 '주거의 수단'이 아니라 좋은 말로 하면 '재테크', 나쁜 말로 하면 '투기'의 수단으로 삼고 있기 때문입니다. 자신이 살 집을 사는 것이 아니라, 가격이 올라서 되팔아 매매차익을 남길 수 있는 집을 사는 거죠. 그러니까 집이 있는 사람들도 대출을 받아서라도 집을 더 사려고 하고, 집값이 오르면 오를수록 집을 사려는 사람이 더 많아지는 상황인 거죠.

그래서 집값이 오를 만한 지역의 오를 만한 크기의 집, 예를 들면 강남의 중대형 아파트를 사려는 사람들이 넘쳐나고, 사려는 사람들이 많으니까 그런 집들은 가격이 더 오르고, 그러면 매매차익이 더 남게 되고, 사려는 사람들은 더 많아지고, 이런 악순환이 계속되고 있는 상황입니다.

한 부동산 정보업체가 조사한 데 따르면 세계 최고 수준의 부동산 가격을 뽐내는 대한민국 서울에서 자신의 힘으로 25평(약 83제곱미터) 아파트를 장만하려면 고졸자는 24년, 대졸자는 15년 4개월이 걸린다고 합니다. 32평(약 105.7제곱미터) 아파트를 마련하는 데 걸리는 기간은 고졸자가 31년 3개월, 대졸자는 20년 4개월이 걸립니다. 그러면 보통 사람들은 몇 살이 되어야 서울에서 아파트를 살 수 있는 걸까요? 마흔, 쉰?

집값이 계속 오르게 되면 어떤 사람은 가만히 앉아서 재산이 두 배, 세 배가 됩니다. 또 어떤 사람은 평생을 열심히 일해도 가족들과 함께 안정적으로 살아갈 수 있는 집 한 채를 가질 수 없게 되는 것이죠. 집과 땅 때문에 빈부 격차는 더 심해지는 겁니다.

부동산으로 재테크해서 몇 년 안에 몇 억, 몇 십 억씩 부를 축적한 사람들의 무용담 뒤에는 몇 십 년을 열심히 일해도 집 한 칸 마련하기 힘든 수많은 서민들의 서글픈 삶이 있는 것이죠. 우리나라는 서민들을 위한 장기임대 공공주택도 거의 없는 실정이라, 서민들은 비싼 임대료에 시달리며 남의 집을 떠돌아다니고 있는 상황입니다.

집을 필요로 하는 가구보다 더 많은 집이 지어졌지만, 인구의 절반 이상이 집 없는 설움에 시달리는 서글픈 현실을 이제는 정말 바꿔나가야 하지 않을까요.

그 많은 집들은 다 어디로 갔나

내 집은 어디에 있나

남산에 올라 서울의 야경을 본 적 있나요. 선생님은 며칠 전에
남산에 갔었어요. 처음 본 것도 아닌데 새삼 감동스럽더라고요.
새까만 하늘과 줄지어 서 있는 차들의 불빛 아름다웠고, 높은 빌
딩이며 아파트 창에서 불빛이 새어나와 까만 밤이 온통 크리스
마스트리처럼 반짝였어요.
내가 저 도심 속에 묻혀 있을 때는 "왜 이리 차가 많아! 집이 왜

■ 남산에서 바라본 서울의 야경.

이렇게 많아!' 하며 구시렁거렸을 텐데, 한걸음 물러나 내려다보
니 아름답기까지 하더군요. 가만히 집과 차들을 내려다보고 있
노라니, 이런 생각이 들었어요. '저 불빛 하나하나에 전부 사람
들이 있겠지. 저 빌딩 층층이 새어나오는 불빛마다 야근하고 있
는 사람들이 있겠지. 저 아파트에서 새어나오는 빛마다 한 가족
이 둘러앉아 있겠지.' 여기까지 생각하고 나니 더 감회가 새로웠
지요. '서울에만도 이렇게나 많은 사람들이 살아가고 있구나'
하는 생각에요.

저 불빛에 담긴 사람들 모두가 선생님처럼 자신의 가정을 꾸리
고 나름의 행복을 위해 부지런히 살아가고 있을 테지요. 오늘도

힘차게 하루를 보내고 자신의 집으로 돌아와 가족과 함께 이야기 나누며 피로를 풀겠죠. 그런 하루를 행복으로 느끼면서 말이에요. 그러다 문득 이런 생각이 들었어요. '왜 저렇게 빛나는 수많은 집들 중에 내 집 하나가 없는 걸까?'

통계에 따르면 선생님처럼 우리나라에서 전·월세에 살고 있는 사람들이 무려 50퍼센트가 넘는다고 합니다. 아니, 이렇게 많은 집들이 번쩍이고 있는데 이게 도대체 어떻게 된 일일까요?

집이 부족하기 때문일까

우리나라는 1960년대 이후 인구와 가구 수가 급증하고 도시로 인구가 집중되면서 주택 문제가 심각해졌어요. 그래서 1970년대 초반부터 이런 문제를 해결하기 위해 주택 공급을 확대하는 정책을 꾸준히 추진해왔지요. 게다가 1988년부터 '주택 200만호 건설계획'이 시작되었어요. 분당·일산·평촌·산본·중동 등 수도권의 5개 신도시를 비롯해 수많은 지역에 많은 주택들이 건설되었고요. 지금도 계속 더 많은 주택을 공급하기 위해 계획을 세우고 있어요. 그래서 2006년 통계로 전국의 주택 보급률이 107.1퍼센트에 이르게 되지요. 주택 보급률이 100퍼센트가 넘는다는 건 우리나라 가구 수보다 주택의 수가 더 많다는 뜻이에요.

즉, 집이 남아돈다는 거지요. 따라서 집이 부족해서 50퍼센트가 넘는 사람들이 전·월세에 사는 것은 아니랍니다. 그럼 도대체 내 집은 왜 없는 걸까요?

왜 우리 집은 없는 걸까

여러분은 왜 집이 부족한지 이제 알겠죠. 가구 수보다 주택 수가 훨씬 많으니까 모든 가정이 하나의 집을 가져도 집이 남는 상황인데, 왜 집 없는 사람이 50퍼센트가 넘는 걸까요? 바로 집을 두 채 이상 가지고 있는 사람들이 있기 때문인 거죠.

통계에 의하면 우리나라 국민 전체의 17퍼센트가 집을 두 채 이상 가지고 있대요. 그리고 이 17퍼센트의 사람들이 가지고 있는 집이 전체 아파트의 71퍼센트를 차지한다고 합니다. 그러니까 이들이 평균 세 채씩 가지고 있는 셈이네요. 6~10채를 차지하고 있는 사람들이 14만 세대에 이르고, 11~20채까지 가지고 있는 사람들도 3만 세대나 된다고 합니다. 놀라지 마세요. 주택임대 사업자인 A 씨와 B 씨는 각각 1083채와 819채를 소유하고 있다고 합니다. 어때요, 기가 막히지 않나요?

집은 사람이 살아가기 위해 먹고 자고 쉬는 기본적인 공간이에요. 모든 사람이 누려야 할 기본적인 권리지요. 근데 요즘은 재산을 늘리는 수단으로 인식되는 경우가 더 많아요. 그래서 자신이 살 집 이상의 집을 더 가지려고 하지요. 정부는 집 없는 사람들을 위해 자꾸 집을 짓고 있어요. 하지만 새로 만들어진 집들은 집 없는 사람들에게 돌아가지 않아요. 이미 집을 가지고 있는 사람들에게 돌아가고 있기 때문이지요. 지난 15년간 전국에 새로 공급된 586만 채의 집 중에서 절반이 이미 집을 가지고 있는 사람들에게 돌아갔다니 이제 문제가 뭔지 알겠죠?*

* 심상정 민주노동당 의원은 2006년 11월 15일 "통계청의 인구주택총조사를 분석해 봤더니 1990년부터 2005년까지 늘어난 주택 586만 5354채 가운데 53.9퍼센트인 316만 820채만 무주택자에게 돌아갔고 나머지 46.1퍼센트인 270만 4534채는 다주택 보유자의 투기수요로 충당됐다"고 밝혔다. 〈서울경제〉, 2006년 11월 15일.

왜 아파트를
좋아할까

우리도 아파트로 이사 가자!

자꾸 집 얘기를 하다 보니 선생님이 신혼 때 살았던 집 생각나네요. 선생님은 신혼 때 다세대주택 2층에 전세를 얻어 살았어요. 자그마한 방이 두 개 있고, 작은 주방 겸 거실이 있는 집이었어요. 10년 전이었는데도 전세가 4000만 원이나 했어요. 부모님의 도움까지 받아 거금을 들여 신혼집을 장만했는데도 선생님은 그 집에 불만이 많았어요. 신혼이라 집들이를 여러 번 했는데, 사람들이 놀러 오면 차 세울 데도 없고, 집 가르쳐주기도 어렵고, 근처에 상가도 없어서 장보기도 불편하고, 배달시키기도 힘들고, 택배라도 오면 대신 받아줄 사람도 없고, 하다못해 세탁소도 멀리 있어서 불편한 게 한두 가지가 아니었어요. 아이가 생기고 나니까 더 불편해지더라고요. 유모차를 밀고 다니면서 산책할 공간도 없고, 아이가 놀 만한 놀이터도 없고······.

선생님이 아파트로 빨리 이사 가고 싶은 생각에 사로잡힌 또 하나의 이유가 있어요. 이게 결정적인 이유인데, 아파트 값이 자꾸 오른다는 거였어요. 아파트 값이 자꾸자꾸 오르니까 차곡차곡 저금해서 아파트를 산다는 건 불가능해 보이더라고요. 대출을 왕창 받더라도 빨리 하나 장만하지 않으면 나만 손해를 볼 것 같다는 생각에 남편에게 노래를 불렀죠. "여보, 우리도 아파트로 이사 가자."

처음엔 싫어했다

아마 우리나라 사람들 대부분이 선생님처럼 개인 주택보다는 아파트를 좋아할 같아요. 그것도 큰 건설업체가 새로 지은 대단지 아파트 말이죠. 좋은 아파트에 살아야 '나도 이제 좀 사는구나, 중산층이구나' 하는 생각이 들 거고요.

그런데 30년 전만 해도 지금과는 상황이 정반대였어요. 1970년

■ 1962년 건설된 마포 아파트. 국내 최초의 단지형 아파트였으나 고층(6층)에 대한 두려움과 연탄가스에 대한 불안감으로 입주율은 10퍼센트에 그쳤다.

만 해도 서울에서 아파트는 전체 세대의 4퍼센트에 불과했어요. 지금은 60퍼센트가 넘어요. 당시 정부가 주도해서 소형 아파트 단지를 좀 지었는데, 대부분의 사람들은 개인 주택을 선호하고, 아파트를 기피했었어요. 그런데 이후 대규모 아파트단지가 등장하고, 아파트 가격이 폭등하고, 신도시가 개발되면서 이런 상황은 완전히 바뀌었지요.[9]

새로 짓는 집의 90퍼센트가 아파트가 될 만큼 세상이 바뀐 것은 아파트가 본격적으로 건설되기 시작한 지 30년 만의 일이에요. 우리나라처럼 주거 형태가 급변한 경우가 세계적으로 흔치 않은 일이라니, 어쨌든 우리나라 사람들은 뭐든지 화끈해요.

우리나라 사람들은 아파트가 이렇게 보편화된 것을 당연시하는 것 같아요. 땅은 좁고 인구는 많으니까 고층으로 올릴 수밖에 없다는 거죠. 그런데 우리나라에 아파트가 이렇게 많아진 게 정말 땅이 좁고 인구가 많아서일까요? 그렇다면 땅이 남아도는 농촌의 논 한가운데에도 아파트가 불쑥 솟아올라와 있고, 땅이 그렇게 모자라지 않는 지방 도시에서도 초고층 주상복합아파트가 지어지고 있는 이유는 뭘까요? 선생님 고향은 울산인데, 거기도 요즘 새로 짓는 건 다 초고층 아파트예요. 선생님의 시댁이 있는 광양은 땅이 남아도는 곳인데도 거기 사람들도 대부분 아파트에 살던 걸요.

다른 나라도 이런지 한번 살펴볼까요. 땅값이 비싸서 토끼장에 산다고 한탄하는 일본의 도쿄도 아파트 비중은 20퍼센트 정도밖에 안 된다고 해요. 우리만큼 땅이 좁고 인구밀도가 높은 네덜란드나 벨기에도 우리처럼 아파트 천국은 아니라고 하더라고요.[10] 대부분의 선진국들에서는 중산층은 주택에 살고 있고, 대규모 아파트단지에는 저소득층이 살아요. 그래서 아파트단지는 슬럼가나 우범지대의 동의어로 통한다고 해요.

아파트에 열광하는 이유

그렇다면 우리나라 사람들은 왜 이렇게 아파트에 열광하는 걸까요? 우선 생각나는 건 아파트 생활이 편하다는 거죠. 특히, 요즘 새로 짓는 아파트들은 고급스러운 인테리어는 기본이고 산책로, 헬스클럽, 도서관 등 각종 편의시설을 단지 안에 다 갖추고 있잖 아요. 거기에다 집에 조금만 문제가 생겨도 관리사무소에서 재 깍 달려와서 해결해주니 엄마들이 얼마나 좋아하겠어요.

하지만 아파트 생활의 편리함만으로는 우리나라의 아파트 열풍 이 다 설명되지 않는 것 같아요. 아파트에 살면 불편한 점도 많 거든요. 특히 아이를 키우는 집은 아래층에서 올라올까봐 애들 보고 뛰어다니지 말라는 얘기를 입에 달고 살아야 하잖아요. 엘 리베이터가 가끔 고장 나서 발을 동동 구르기도 하고, 옆집 피아 노 소리에 신경이 곤두서기도 하고……

우리나라의 아파트 열풍을 설명하는 데 있어서 빠져서는 안 될 것이 '재테크 수단으로써의 아파트'가 아닌가 싶어요. 아파트 가격은 절대 떨어지지 않는다는 믿음이, 아파트 하나만 잘 사놓 으면 대박이 날 수 있다는 신화가 모든 사람들로 하여금 아파트 를 사도록 부추긴다는 거죠. 아파트가 없는 사람은 없는 사람대 로, 있는 사람은 있는 사람대로 어떻게 하면 가격이 왕창 뛰어오 를 아파트 하나 살 수 없을까 고민하게 만드는 거죠.

그리고 또 하나 빠트릴 수 없는 것이 '내가 사는 곳이 나를 말해 준다'는 생각이 아닌가 싶어요. 마치 외제 차를 타고 유명 디자 이너의 옷을 입고 명품 가방을 드는 것으로 자신을 드러내고 싶

■ 아파트 광고들.

어 하는 것처럼, 아파트를 통해 남들과 나를 구분 짓고자 하는 거
죠. 그러면서 같은 아파트단지 내에 있는 사람들끼리만 더 많이
어울리려고 하는 거죠. 요새 짓는 초고층 아파트들은 외부인의
출입을 엄격하게 통제하고, 아파트 주민들끼리 어울릴 수 있는
공간을 많이 만든다고 하더라고요. 수많은 아파트 광고들이 사

람들의 이런 생각을 더욱 부추기죠. 유명한 아파트 광고 문구들을 한번 떠올려 보세요.

"세상은 당신이 사는 곳을 동경합니다."

"당신이 사는 곳이 당신을 말해줍니다."

"ㅇㅇㅇ에 산다는 것은 때론 친구들의 시샘을 받을 수도 있습니다."

삶의 공간으로서의 집

그래서 결론이 뭐냐고요? 선생님은 아파트에 살면서 여러분 보고는 아파트 말고 다른 데서 살라고 하는 거냐고요? 그런 게 아니라 집이 뭔지 한번 생각해보자는 겁니다. 집은 분명히 재산을 불리는 수단이나, 남과 나를 구분 짓는 도구가 아니잖아요. 집은 가족과 함께 살아가는 삶의 공간입니다. 가족과 함께 먹고, 자고, 이야기하고, 쉬는 공간 말이에요. 집이 삶의 공간이라면 사람들마다 자신의 삶에서 중요하게 생각하는 가치가 다를 테고, 그러면 집의 형태도 좀 다양해야 하지 않을까 하는 게 선생님의 생각이에요. 모두 다 똑같은 지역의 똑같은 콘크리트 네모 상자에 들어가 살고 싶어 하는 게 좀 이상하지 않느냐는 거죠. 어떤 사람은 편의시설이 많이 갖춰져 있는 아파트를 선호할 수도 있고, 어떤 사람은 아이들이 맘껏 뛰놀 수 있는 단독 주택을 선호할 수도 있고, 어떤 사람은 이웃들이랑 잘 어울릴 수 있는 주택단지를 선호할 수도 있고, 어떤 사람은 자기가 손수 지은 집을 선호할 수도 있는 거죠.

사람들이 어떤 집을 사야 돈을 벌 수 있을까를 생각하지 않고, 어떤 집에서 어떻게 살아야 더 행복할 수 있을까를 생각할 수 있었으면 좋겠어요. 어떻게 하면 이 바람이 이루어질 수 있을까요?

땅의 가치는 땅값과 다르다

시장에서 결정되는 라면 값

'맛나식품'이라는 기업에서 라면을 개발했습니다. 새로운 라면의 이름은 '매운라면'입니다. 중요한 결정이 남았습니다. 이걸 얼마에 팔까요? 맛나식품은 매운라면을 생산하는데 들어간 생산비, 그리고 이윤 등을 생각하면서 가격을 결정합니다. 일단 800원으로 가격을 정하고 출시해 보았습니다. 그랬더니 매운라면이 안 팔리네요. 다른 여러 가지 방법이 있겠지만, 일단 가격

■ 슈퍼마켓에 진열된 라면들. 기업과 소비자가 만족하는 적절한 라면의 가격은 시장에서 결정되지만 아파트를 비롯한 부동산은 그렇지 않다.

을 내리는 방법이 있겠지요. 매운라면을 사 먹을 소비자들은 어떨까요? 매운라면이 소비자들이 생각하는 것보다 싸다면 서로 사 먹을 것입니다. 시장에서 매운라면이 부족해지겠죠. 그런데 생각보다 너무 비싸다면 안 사 먹을 것이고 시장에서도 잘 안 팔리겠지요.

매운라면을 둘러싸고 기업과 소비자가 이와 같은 과정을 거치면서 시장에서는 적정량의 라면이 거래될 수 있는 수준에서 가격이 결정됩니다. 가격 결정을 시장에 맡겨두면 사회 전체적으로 볼 때 라면이 가장 적절한 수준으로 생산되고 소비되기 때문에 낭비 없이 많은 이들이 더 큰 만족을 누릴 수 있게 됩니다. 다시 말해 매운라면이 창고에서 쌓여 있는 일도, 절실하게 먹고 싶은 사람이 못 사 먹는 일도 없게 됩니다.

시장에서 땅값도 결정된다?

많은 이들은 땅도 하나의 상품이고 부동산 시장에서 거래되고 있는 만큼 라면과 마찬가지로 시장에서 가격이 결정되는 것이 당연하다고 생각합니다. 사실 그 많은 땅들을 누구에게 나누어 줄 수 있을지 어떻게 결정할 수 있겠어요? 시장에 맡겨두고 제대로 가격을 지불하는 사람이 땅을 소유하고 이용하게 하면 가격은 그 땅을 가장 잘 사용할 수 있는 사람에게 돌아가도록 조절될 수 있다는 것입니다.

같은 땅에서 월 100만 원의 수익을 올릴 수 있는 갑연이와 200만 원의 수익을 올릴 수 있는 을국이가 있다고 해봅시다. 이 둘이 땅을 서로 차지하기 위해 경쟁이 붙었어요. 누가 이길까요? 200만 원을 벌 수 있는 을국이가 100만 원을 벌 수 있는 갑연이보다 높은 가격을 부를 수 있을 것입니다. 그러니 그 땅은 을국이에게 돌아가겠지요. 같은 땅이라도 더 높은 수익을 낼 수 있는 을국이가 그 땅을 갖도록 결정되는 것이 합리적이잖아요. 누가 시키지 않았는데도 가격이 시장에서 결정되도록 하니까 이 문제가 잘 해결되었습니다. 그러니까 땅의 소유와 이용을 시장에 맡겨두면 개개인에게도, 그리고 사회 전체적으로도 좋다는 것입니다. 정말 그럴까요?

라면 값이 결정되는 원리를 땅값에도 적용하는 것은 무리가 있습니다. 시장에서 결정된 가격이 효율적으로 작동하려면 그 상품의 수요와 공급이 가격에 민감하게 반응해야 합니다. 라면을 보세요. 가격이 싸지고 비싸짐에 따라 그것이 곧바로 기업과 소비자에게 행동을 수정하라는 신호를 보냅니다. 기업과 소비자는 바로바로 반응하면서 대응할 수 있지요.

땅은 다릅니다. 땅은 공급을 늘릴 수가 없습니다. 우리나라에서 땅값이 최고 비싼 곳은 서울 명동이라는 얘기 들어봤나요? 이렇게 가격이 천정부지로 치솟는 다른 상품이라면 공급이 늘어나서 가격이 내려가게 됩니다. 그런데 명동 땅은 명동 그 자리에 있어야 명동 땅이잖아요. 공급이 늘어날 수 없습니다. 그러니까 내가 필요로 하는 '땅'은 바로 그 땅뿐이기 때문에 공급이 늘어나지 않습니다. 특정한 땅이 아니라 땅 전체로 보아도 땅은 공급이 늘어나지 않는 특성을 가지고 있습니다. 물론, 숲이나 농지가 주거지나 상업지로 변해 특정 용도의 땅이 증가하기는 하겠지만, 전체적으로 보면 그 절대량이 늘어난 것은 아닙니다.

게다가 아무리 비싸도 인간에게는 땅이 필요합니다. 그러니 가

서울 땅값1위 명동 '파스쿠찌' 3.3m²에 2억1100만원

**개별공시지가 발표…주거지는 대치동 동부센트레빌 최고
도봉산 숲 1m² 4510원 최저…용산구 상승폭 가장 높아**

서울시에서 땅값이 가장 비싼 곳은 중구 명동의 커피전문점 '파스쿠찌' 부지로, 1m²당 6400만원(3.3m²당 2억1100만원)으로 나타났다. 이곳은 2004년 1m²당 4190원으로 1위에 등극한 뒤 5년째 자리를 지키고 있다.

■ **상업지역은 명동, 주거지역은 대치동** 서울시는 29일 '2008년도 개별 공시지가'를 발표하면서 상업지역인 충무로1가 24-2번지의 커피전문점 파스쿠찌가 가장 비싸다고 밝혔다. 지난해의 1m²당 5940만원보다 7.7% 올랐다. 주거지역에서는 강남구 대치동 670번지에 있는 동부센트레빌 아파트가 지난해 1m²당 1050만원에서 15.4% 오른 1m²당 1210만원으로 최고가를 기록했다.

서울에서 땅값이 가장 싼 곳은 도봉산의 숲속이었다. 도봉구 산43번지에 있는 도봉산 자연림은 지난해 1m²당 4230원보다 6.6%가 올랐지만, 1m²당 4510원에 불과했다.

■ **상승 폭은 용산구가 최고** 용산구는 지난해보다 21.8% 올라 구 가운데 최고를 기록했다. 그 다음으로 강남구 주변의 서초구(14.3%), 송파·강동구(14.2%), 광진구(13.7%) 등이 높이 올랐다. 반면 도봉구는 8.1% 상승률로 가장 낮았다.

서울시는 용산구에서 국제 업무지구 개발과 재개발·재건축 사업이 추진되고 있어 개발 기대 심리가 작용했다고 풀이했다.

또 서초구는 강남구 주변 삼성 서초타운 입주와 지하철 9호선·분당선 개통 예정 등이, 송파구는 송파신도시와 거여·마천 뉴타운 등이 땅값 상승에 영향을 주었다고 보았다.

서울시 전체의 평균 개별 공시지가 상승률은 12.3%로, 2006년 19.3%, 2007년 15.6% 이후 주춤하는 모습이다. 그러나 전체 필지 가운데 96.8%에서 지난해 땅값이 올랐고 0.7%는 하락했다.

시가 이날 공개한 개별 공시지가는 누리집 토지정보 서비스(klis.seoul.go.kr)개별 공시지가에서 볼 수 있고, 가격에 이의가 있으면 다음달 30일까지 토지정보 서비스나 구청 누리집에서 신청할 수 있다.

이정훈 기자 ljh9242@hani.co.kr

서울시 용도지역별 최고·최저 땅값 (단위: 원/㎡)

구분	최고	최저
주거지역	강남구 대치동 670(동부센트레빌) 1210만	종로구 평창동 405(공원) 13만3천
상업지역	중구 충무로1가 24-2(커피전문점) 6400만	노원구 월계동 85-7(성북역) 129만
공업지역	성동구 성수동1가 656-335 758만	금천구 독산동 721-14 80만2천
녹지지역	송파구 장지동 622-7(밭) 182만	도봉구 도봉동 산43(숲) 4510
개발제한구역	구로구 천왕동 7-16(밭) 291만	종로구 평창동 산6-20(도로) 2970

자료: 서울시

■ 서울에서 제일 비싼 땅은 명동의 커피전문점 파스쿠찌로 1평(3.3제곱미터)에 2억 1100만 원이다. 〈한겨레〉 2008년 5월 30일자.

격이 비싸다고 해서 수요가 팍팍 줄어들면서 반응을 보이는 것도 아닙니다. 공급도, 수요도 가격에 따라 조절되는 성질이 약합니다. 그러니 라면처럼 시장에서 가격이 결정되도록 놔두기에는 문제가 있습니다.

땅값이 땅의 가치는 아니다

이번에는 좀 다른 각도에서 생각해봅시다. 일반적으로 가격은 가치와 일치하는 경우가 많습니다. 매운라면 한 개가 500원이라면 매운라면 한 개의 가치도 대략 500원 정도 된다고 볼 수 있습니다. 500원 만큼의 가치가 없는데 500원을 받으면 사람들이 안

사 먹을 것이고, 500원 만큼의 가치를 무시하고 기업에서 턱없이 싸게 팔 이유도 없으니까요. 그러니까 완전히 일치하지는 않아도 가치와 가격의 차이가 그리 크지는 않지요.

세상에는 가격과 가치가 어긋나도 심하게 어긋나는 것들이 있습니다. 그 중 대표적인 것이 땅입니다. 선생님이 사는 곳 가까이에 있는 구름산은 사람들에게 맑은 공기, 몸과 마음의 휴식, 아름다운 경관, 행복한 추억 등 수없이 많은 것들을 우리에게 제공합니다. 이런 것들은 값으로 따질 수 없습니다. 그런데 구름산의 땅값은 명동과는 비교할 수도 없을 만큼 싸요. 땅값은 대체로 얼마나 많은 이득을 낼 수 있는가를 기준으로 결정되거든요. 앞에서 말한 구름산의 귀중한 가치는 이득을 내는 것과는 무관하니까 구름산의 땅값을 계산할 때 계산에 넣지 않는 것이지요.

뭐가 문제냐고요? 환경으로서의 땅의 가치가 시장에서 계산되지 않기 때문에 시장에서는 환경의 소중함을 무시하게 됩니다. 그래서 시장에서 값을 매길 수 있는 것으로 계산한 뒤 산을 파헤치고, 갯벌을 메우고, 숲을 파괴하는 개발이 쉽게 이루어질 수 있는 것입니다.

내 돈 주고 산 내 땅을 내 맘대로 하는 것이 왜 문제가 되느냐고 할 수 있을 것입니다. 라면은 내 돈 주고 사면 내 것이지만 땅은 내 돈 주고 사도 정말 내 것이 되는 것은 아닙니다. 우리가 지불

한 돈에는 그 땅이 가진 환경의 가치가 포함되지 않았기 때문에 우리는 아직 지불을 마치지 못한 상태입니다. 그리고 그 가치는 아주 커서 아무리 돈이 많은 부자라도 그 값을 다 지불할 수 없습니다.

소유하지 않은 것들을 어떻게 팔 수 있단 말인가

북아메리카 원주민인 수와족의 추장 시애틀은 미국의 14대 대통령 워싱턴으로부터 어느 날 땅을 팔라는 요청을 받았습니다. 시애틀은 '워싱턴 대추장'에게 답장을 썼습니다. 오래된 이야기이지만 땅은 땅 나름의 중요한 가치를 품고 있다는 것을 다시 한번 생각해보자고, 그 편지의 일부를 소개하겠습니다.

"…… 그대들은 어떻게 저 하늘이나 대지의 온기를 사고팔 수 있는가? 우리로서는 이상한 생각이다. 대기의 신선함과 반짝이는 물을 소유하고 있지도 않은데 어떻게 그것들을 팔 수 있다는 말인가? 우리에게는 이 대지의 모든 부분이 신성한 것이다. 빛나는 솔잎, 모래 기슭, 어두운 숲 속 안개, 맑게 노래하는 온갖 벌레들, 이 모두가 우리의 기억과 경험 속에서는 신성한 것들이다. 나무 속에 흐르는 수액은 우리 홍인(紅人, 북아메리카 원주민)의 기억을 실어 나른다. 백인은 죽어서 별들 사이를 거닐 적에 그들이 태어난 곳을 망각해버리지만, 우리가 죽어서도 이 아름다운 대지를 결코 잊지 못하는 것은 여기가 바로 우리 홍인의 어머니 품속이기 때문이다. 우리는 대지의 한 부분이고 대지는 우리의 한 부분이다. 향기로운 꽃은 우리의 자매이다. 사슴, 말, 큰 독수리, 이들은 우리의 형제들이다. 바위산 꼭대기, 풀의 수액, 조랑말과 인간의 체온은 모두가 한 가족이다. …… 백인들은 어머니인 대지와 형제인 저 하늘을 마치 양이나 목걸이처럼 사고 빼앗아 팔 수 있는 것으로 대한다. ……"

다른 나라 사람들은 어떤 집에서 살까

싱가포르의 HDB 아파트

지금까지 우리나라의 집에 대해 알아보았습니다. 다른 나라는 어떨까 궁금하지 않나요? 그래서 알아봤습니다. 다른 나라 사람들은 어떤 집에 살고, 그 나라에선 국민들의 주거권을 어떻게 보장하고 있는지를 말이지요.

우선 싱가포르로 가볼까요? 30대 중소기업 구매 담당자인 로잘린은 결혼하면서 침실이 3개이고 거실, 주방 그리고 다용도실이

■싱가포르 HDB 아파트. 싱가포르는 '주거 목적의 공공아파트 공급'라는 정책 목표를 가지고 주택개발청을 통해 아파트를 공급하고 있다. 80퍼센트 이상의 싱가포르 국민이 이 HDB 아파트에 살고 있다.

딸린 30평대 아파트를 현금 500만 원만 내고 사서 살고 있습니다. 5억도 아니고 5000만 원도 아니고 500만 원입니다.

이처럼 놀라운 가격에 집을 구할 수 있는 이유는 싱가포르 주택개발청(HDB)이 주도하는 주택정책 덕분입니다. 로잘린이 구입한 HDB 아파트의 분양가는 대략 1억 2000만 원 정도인데(민간업체 아파트 가격의 절반도 안 된다고 해요) 주택개발청은 연기금을 활용해 토지를 개발하고, 아파트단지 전체가 아닌 건물만 개별 분양하기 때문에 이처럼 가격을 낮출 수 있다고 합니다. 집값이 싸기도 하지만 주택개발청이 운영하는 각종 지원제도를 잘 활용하면 집을 살 때 목돈이 필요 없습니다. 실제로 로잘린은 집값의 80퍼센트를 주택개발청을 통해 30년 장기 대출로 해결했거든요. 게다가 금리도 2퍼센트대라 크게 부담되는 수준은 아니랍니다.

그렇다고 로잘린처럼 저렴하게 HDB 아파트를 사기 위해 갖춰야 할 조건이 전혀 없는 건 아닙니다. 월 평균소득이 400만 원 이하여야 하고, 가족이 2명 이상이어야 합니다. 독신자는 35세 이상이 되어야 자격이 주어지고 집 크기에도 제한을 받는다고 합니다. 로잘린이 원한다면 좀더 넓은 아파트 또는 다른 곳의 아파트를 분양받아 옮길 수도 있습니다. 그러려면 분양받은 아파트에서 5년 이상 거주해야 하고(두 번째 분양받은 집의 의무거주기간은 3년), 기존 대출을 다 갚아야 합니다.

게다가 정부의 지원을 받아 HDB 아파트를 분양받을 수 있는 기회는 일생에 두 번뿐입니다. 5년 의무거주기간 안에 집을 팔아야 할 경우에는 반드시 주택개발청에 되팔아야 합니다. 이는 '환매조건부분양'이라고 하는 싱가포르의 독특한 제도인데, 이로 인해 공공주택 시장에 대한 정부의 통제가 가능하게 되고 '주거목적의 공공아파트 공급'이라는 싱가포르 주택정책의 기본 틀도 유지할 수 있습니다.

주택개발청 자료에 따르면 2006년 5월 현재 싱가포르 국민의 82

퍼센트가 HDB 아파트에 살고 있다고 합니다. 나머지 18퍼센트
의 국민은 HDB 아파트보다 두 배 이상 비싼 민간 아파트를 분양
받아 살거나 단독주택에 살고 있고요. 국민 대부분이 집값 걱정
없이 살 수 있는 싱가포르, 정말 놀랍고도 부럽지 않나요?[11]

네덜란드의 사회주택과 소셜믹스

네덜란드는 주거문제를 사회주택을 통해 해결한다고 합니다. 네
덜란드만이 아니고 대부분의 유럽 국가에서는 저소득층의 주거
권을 보장하기 위해 사회주택을 많이 보급하고 있어요. 굳이 우
리식으로 표현하자면 임대주택이라고 할 수 있겠죠. 사회주택은
민간 사회주택회사가 관리하고, 네덜란드 전체 주택 가운데 36퍼
센트, 전체 임대주택 중에서는 75퍼센트를 차지한다고 합니다.
네덜란드 정부는 1901년 주택법을 만들고 민간 사회주택회사에
다양한 재정 지원을 통해 빈곤층의 주거문제 해결에 나섰습니
다. 당시는 영국에 이어 유럽 전역이 산업혁명의 물결에 휩싸였
는데, 산업화와 더불어 인구가 도시로 집중하는 도시화 현상이
나타났습니다. 한꺼번에 많은 노동자들이 도시로 몰려들었기 때
문에 노동자들의 안정적인 주거는 산업발전을 위해서도 필수적
이었습니다.

자선과 검소한 생활을 중시하는 칼비니즘, 평등을 중시하는 사회민주주의 이념, 그리고 식민정책으로 벌어들인 많은 돈이 네덜란드 정부가 빈곤층을 위한 주거정책을 실시할 수 있었던 배경이라고 합니다. 1960년대 초 서울로 몰려온 농민들이 청계천, 삼양동 등지에 판잣집을 짓고 산 우리나라와는 사뭇 대조적이지요. 이마저도 나중에 도시 개발이라는 이름으로 무일푼으로 쫓겨났으니까요.

제2차 세계대전으로 주택이 대량 파괴되자 네덜란드는 사회주택 공급을 더욱 확대했습니다. 이 때문에 네덜란드에는 부동산 투기라는 것이 없다고 합니다. 사회주택정책에 따른 주거안정 때문입니다. 정부는 오히려 집을 사려고 하지 않는 사람들 때문에 걱정을 하고 있다고 합니다. 이걸 보면 충분한 양의 사회주택 공급이야말로 주택시장의 안정을 가져올 수 있다는 결론을 내릴 수 있습니다.

네덜란드 사회주택 정책의 성공 비결은 무엇보다 사회주택을 일반 주택과 섞어놓는 '소셜믹스^{사회통합}'에 있습니다. 게다가 사회주택은 시설 면에서도 일반 주택과 견줘 전혀 손색이 없고 월 임대료도 300~400유로(약 42만~65만 원)로 저렴합니다. 그래서인지 네덜란드의 경우 기존 임차인들이 경제 상황이 나아졌음에도 일반 주택으로 옮겨가지 않는 것이 최근 문제점으로 지적되고

133

있다고 합니다.

네덜란드 정부는 EU^{유럽연합}가 만들어지면서 이자율이 급격히 상승해 재정 부담이 지나치게 커지자 1995년부터 사회주택에 대한 정부지원을 중단했습니다. 재정 지원이 끊어진 뒤에는 사회주택 회사들이 일반임대 확대로 얻은 수익을 사회주택에 쏟아부어 빈곤층 주거문제를 해결하고 있답니다. 지난 100여 년 동안 사회주택이 지속되면서 얻게 된 경쟁력 등을 바탕으로 정부지원 없이도 지속적인 사회주택 공급·관리가 가능해졌기 때문이지요.[12]

사회통합을 위해 노력하는 프랑스

1990년대 이후 프랑스에서는 일부 계층의 사회적 배제라는 현실을 어떻게 극복할 것인가에 대한 논의가 계속되고 있다고 합니다. 사회적 배제를 경험하는 사람 중에는 제도적으로 사회주택에 입주할 수 없어 정부 지원의 사각지대에 놓이는 경우도 있고, 사회주택에 거주하면서도 이웃과의 관계가 단절되는 경우도 있습니다. 특히 사회주택단지가 저소득층으로 채워질 경우 일반인들은 이 지역 주민들과의 접촉을 꺼리게 되거든요. 이 문제를 해결하기 위한 전략으로 주로 거론되는 것이 사회적 배제와 대칭되는 개념이라 할 수 있는 사회적 혼합, 소셜믹스입니다. 조화로운 사회를 만들기 위한 노력은 우선 1991년 7월에 공포된 '도시 기본법'에서 찾아볼 수 있는데 이 법 제 1조에는 다음과 같은 내용이 명시되어 있습니다.

> "국가, 지방자치단체, 기타 공공기관은 모든 사회구성원의 사회 통합을 유도할 수 있는 생활 및 주거 여건을 보장해야 한다. 도시 내 모든 지역은 도시 전체의 삶에서 배제되지 않고 다양한 사회 계층이 공존할 수 있어야 한다. 이를 위해 국가와 지방자치단체는 권한의 범위에서 주택, 시설, 필요한 서비스의 유형을 다양화시키기 위한 모든 노력을 기울여야 한다."

이러한 원칙을 배경으로, 인구 20만 명 이상의 광역 생활권을 구성하는 지방자치단체마다 관할구역 내 사회주택이 차지하는 비율이 적어도 전체 주택의 20퍼센트 이상이어야 하며, 사회주택의 비율이 40퍼센트를 초과하는 경우 그해에 착공되는 사회주택의 물량은 다른 유형의 주택공급 물량의 80퍼센트를 넘지 않도록 제도화되었습니다.

프랑스 정부는 1995년 주택소유권 촉진을 위해 획기적인 무이자 금융상품을 도입했습니다. 물론 대출 조건이 있지요. 주택 구입을 위한 무이자 대출을 이용하기 위해서는 우선 소득 기준이 충족되어야 합니다. 대출 한도는 소요 비용, 가구원 수, 지역에 따라 차이를 두었습니다. 한편, 이용자의 소득 수준에 따라 상환 방식도 다르게 적용됩니다. 즉, 소득 수준이 높아질수록 상환기간도 짧아지도록 하는 것이죠.[13]

대한민국 임대아파트는 그림의 떡

서울의 한 임대아파트에 사는 쉰한 살의 이 모 씨는 임대아파트를 나와 인근 주택에 전세를 얻었습니다. 이혼 뒤 식당에서 일하면서 두 아들과 함께 살고 있는 이 씨는 지난 2001년 살던 집이 재개발되면서 임대보증금 1700만 원을 내고 50년 임대아파트에 입주했습니다. 임대아파트는 정말 살기 좋은 곳이었지만 월 임대료 18만 3000원에 관리비까지 매달 35만 원씩 내는 건 자신의 소득 80만 원으로는 너무 큰 부담이어서 나올 수밖에 없었답니다. 그녀는 이렇게 말합니다.

"솔직히 말해서 없는 사람은 임대주택 줘도 못살아요. 살기는 좋은데 돈이 문제예요."

공공임대주택은 대한주택공사 등 공공기관이나 민간 사업자가 국가의 재정 지원을 받아 공급하는 영구 · 50년 · 국민 임대아파트 등을 말합니다.

"임대아파트 살기는 좋은데…" 25%가 임대료 체납

서민 울리는 법 이대로 둘건가

편거제 함께만난 공동 기획

❺ '그림의 떡' 임대아파트

#사례 1 이아무개(51·여)씨는 지난해 서울의 한 임대아파트를 나와 인근 주택에 전셋집을 얻었다. 이후 돼 식당일을 하면서 두 아들과 함께 살고 있는 이씨는 지난 2001년 살던 집이 재개발되면서 임대보증금 1700만원을 내고 30년 공공임대아파트에 입주했다. 하지만 월 임대료 18만3000원에 관리비까지 매달 25만원씩 내는 게 자신의 소득 80만원으로는 큰 부담이었다. "솔직히 말해 서 임대주택 좋은데 돈이 문제예요."

아지 않기 때문이라며 "아들은다 본 주택을 구할 수도 없는 상황으로, 임대주택 정책이 본래 취지를 살리 지 못하고 있다"고 지적했다.

실수요자인 서민들에게 임대료가 버거운 것은 임대주택을 짓는 데 들

서민 공공임대주택에서 정식 서 민든 살기가 어렵다.

공공임대주택은 주택공사 등 공 공기관이나 민간사업자가 국가의 재정지원을 받아 공급하는 영구 50 년·국민 임대주택 등을 말한다. 처소득층이 더 낮은 주거비로 장기 간 거주할 수 있도록 하려는 것이다. 정부는 공공임대주택의 임대료를 민간주택의 23∼65% 수준인 것으로 파악하고 있다.

하지만 아는 상대적으로 낮다는 것일 뿐, 입주자들의 평균 소득에 견 주면 감당하기 버거운 수준이다. 정 부 조사를 보면, 우리의 소득 대비 주거비 부담률은 20% 안팎으로 선 진국의 16%보다 다소 높은 수준이다. 소득 대비 주거비 부담률을 선 진국의 16%보다 다소 높은 수준이다. 소득 대비 주거비 부담률을 30% 이상으로 설정하는 상한치인 25%로 볼 때, 월 소득이 100만원인 계층의 주거비 부담 가능액은 25만 원이다. 하지만 15평형 공공임대주 택은 관리비를 제외한 임대료만 24 만∼31만원에 이른다.

실제 임대주택 입주자 네 가구 중 한 가구가 임대료를 체납하는 고 실정도 이를 뒷받침한다. 주택관리 공사의 여영순 민주노동당 의원에게 제출한 국정감사 자료를 보면, 올 9 월 현재 전국 공공임대주택 입주가 구의 25%가 임대료를 체납 못내고 있다. 지방보다 임대료가 비싼 서울 은 체납률이 38.6%에 이른다. 1년 이상 장기 체납에도 최근 3년간 3.5 배 증가한 49억원이다. 이 외에도 "임대료 부담이 지속적으로 증가하 는 데 반해 입차인의 소득 수준은 나

11만원과 14만5천원으로 차이를 보 인다. 특히 철거민들에게 공급되는 30년 공공임대주택의 임대료도 이 들이 얻은 임대료 감안하면 낮은 재 동일해게 산출·부과된다.

이런 문제를 해결하기 위해 소득

#사례 2 경기 남양주의 국민임대주택에 2003년 5월 입주한 강아무개(42·여)씨는 월 임대료 16만6460원을 다섯 달째 내지 못하고 있다. 남편은 실직하고 혼자 아르바이트로 버는 90만원의 소득으로는 아이들 학교 보내고 생활하기도 힘든다. 강씨는 "계속 여기 살고 싶은데 지금 수입으로는 앞으로도 임대료 납부가 어려울 것 같다"며 "생활하기에 어려운 세대에는 주거비 부담이 적도록 조사됐으면 한다"고 호소했다.

입주자 소득비해 주거비 부담 커
1년이상 체납액 3년새 3.5배 증가
능력따라 '차등부과' 목소리 높아

어간 사업비를 기준으로 임대보증금 과 월 임대료를 산출하기 때문이다. 정부의 "표준 임대보증금 및 임대료 고시기준"을 보면, 임대료총금과 임 대료 산정은 주택건설 원가의 일정 비율을 하도록 했다. 김남근 변호사 는 "건설 원가를 기준으로 임대료를 책정하다 보니, 실질적으로 주택을 꼭 필요로 하는 최저소득 계층의 입주가 어려워지고 대신 소득이 높은 공공 임대주택의 혜택을 받는 모순이 생겨 났다"고 비판했다.

이 때문에 지질이나 지별 등 시공 조건이 하나로 붙은 지역의 임대료는 주거 여건과 무관하게 비싸게 책정 됐다. 평균이나 자제비가 오는 시 기에 건립된 경우도 마찬가지다. 에 스에이치공사(옛 서울도시개발공 사)의 국정감사 자료로 보면, 1998년 과 99년에 서울 노원구에 지은 13평 형 공공임대아파트의 임대료가 각각

수준에 따라 임대료를 다르게 부과 하는 제도를 도입해하는 요구가 일 고 있다. 임대료 체계를 건설원가가 아닌 입주자의 소득·자산 등 지급능 력에 따라 산정적도로 바꾸자는 것

이다 한국도시연구소 홍인옥 책임 연구원은 "일본은 능력만큼 부담하 는 원칙(능능등력)이며 따라 소득층 6 단계로 나눠 임대료 등 차등 부과 하고 있다"며 "이를 응용해 저소득 층의 주거비 부담을 줄일 필요가 있 다"고 말했다.

참여연대, 전국공공임구임대주 택연합 등 15개 단체는 지난해 입지 조건이나 주변지역의 전월세금, 입 주자의 가구소득 등을 고려해 임대 보증금과 임대료를 결정하는 것을 내용으로 하는 임대주택법 개정안을 국회에 청원했다. 청원안은 이후 용 당시 열린우리당 의원의 발의로, 현 국회 건설교통위에 상정돼 있 다. 정부 역시 지난해 4월 "임대주택 정책 개편방안"을 마련해, 부담 능력과 수혜 수준에 따라 임대료를 차등 화할 예정이라고 밝힌 바 있다. (끝)

이재명 기자 miso@hani.co.kr

주공임대아파트 임대료 체납 현황

	1∼3개월	4∼12개월	13개월 이상
2004년	5만9412名 (144억원)	5만9042名 (171억원)	6만6040名 (200억원)
2005년	740名 (14억원)	1756名 (36억원)	2067名 (49억원)
2006년9월 현재	920名 (48억원)	1만11名 (50억원)	1359名 (65억원)

자료: 주택공사

임대료·관리비 연체 및 자진퇴거 사례

사례 지역	주거 유형	월 임대료	연체기간 및 자진퇴거	소득수단
김아무개(46·여)	서울 재개발임대주택(14평형)	약 17만원	1년 이상	건강보험료 포함분(한어머니 가구)
이아무개(51·여)	서울 재개발임대주택(14.7평형)	약 18만원	자진퇴거	식당 일용잡직 월 70∼80만원
유아무개(57·여)	서울 재개발임대주택(14.7평형)	약 14만원	5달	남편 실직, 비정규직 월 90만원 이하
최아무개(71·여)	경기 의정부 국민임대주택(9평)	약 6만원	3달	청소 등 수입 월 20만원
배아무개(41)	경기 부천 공공임대주택(13평)	7만2천원	1년	정부 지원금
강아무개(45)	경기 남양주 국민임대주택(21평)	약 17만원	4달	식당일 월 90만원 이하

자료: 참여연대

지난해 8월 서울 강서구 등촌동에 있는 한 영구임대 아파트에서 한 주민이 더위를 피해 복도에 자리를 펴고 앉아, 꼭발을 손질하고 있다.   장철규 기자 chang21@hani.co.kr

---

■ 현실적이지 않은 임대료 탓에 1년 이상 임대료를 내지 못하는 비율이 25퍼센트에 이른다. 임대료를 부담할 수 있는 능력에 따라 차등화하는 등 좀더 현실적인 정책이 필요하다. 〈한겨레〉 2006년 10월 30일자.

1965년부터 40년 동안 새로 지어져 공급된 주택이 1300만 채가 넘지만 공공임대주택은 그 중 2.7퍼센트인 36만 채에 불과하니

다. 주택 자가점유율이 50퍼센트 밑으로 떨어진 1990년 이후 정부가 서민의 내 집 마련을 지원한다면서 한 해 평균 50만 채가 넘게 새집을 지어 제공했지만 너무 비싼 분양가 탓에 그 중 절반 가까이는 이미 집이 있는 사람이 사들였습니다.

공공임대주택의 임대료는 민간주택의 23~65퍼센트 수준이라고 하는데, 문제는 입주자들의 평균소득에 견주면 너무 비싸다는 것입니다. 이 씨처럼 소득에 비해 주거비 부담이 커서 1년 이상 임대료를 못내는 사람들이 서울만 38.6퍼센트에 달한다고 합니다. 그렇다면 왜 임대료는 그렇게 비싼 것일까요?

임대주택을 짓는데 들어간 사업비를 기준으로 임대료를 책정하다보니 실질적으로 주택을 필요로 하는 최저소득 계층이 입주할 수 없을 만큼 비싸져버렸습니다. 덕분에 소득이 높은 사람이 비어 있는 공공임대주택의 혜택을 받는 모순까지 생겨났습니다.

이런 문제를 해결하기 위해 소득수준에 따라 임대료를 다르게 부과하는 제도를 도입하자는 요구가 일고 있습니다. 임대료 체계를 건설 원가가 아닌 입주자의 지불 능력에 따라 산정하도록 바꾸자는 것입니다. 실제 일본은 소득을 6단계로 나누어 능력만큼 임대료를 차등 부과하는 제도를 실시하고 있습니다.

또한 같은 단지임에도 일반 아파트와 임대아파트를 구분 짓는 벽을 친다거나 학교 배정에 있어 임대아파트에 사는 학생들의 차별을 요구하는 학부모들의 편협한 의식도 개선되어야 할 사회적 문제입니다. 임대아파트인 것이 구별되지 않게 일반 아파트 사이에 끼워 넣는 소셜믹스, 그게 정말 그토록 어렵고 힘든 일일까요?[14]

누구나 살 만한 집에 살 수 있어야 한다

앞에서 싱가포르, 네덜란드, 프랑스 등의 사례를 살펴보았습니다. 영국과 독일 등도 사회주택제도를 실시하면서 실질적 주거권을 보장하기 위해 노력하고 있습니다. 이들 나라는 주택으로 인한 공통적인 어려움을 겪었고 그것을 극복하기 위해 각국의 실정에 맞는 제도를 만들었습니다. 그리고 무엇보다도 이들은 주택문제를 해결하는 과정에서 평등의 이념을 바탕으로 누구나 살 만한 집에서 살 수 있어야 하고 그로 인해 차별받지 않아야 한다는 공통적인 이상을 가지고 있는 것 같습니다.

이쯤에서 우리도 잠시 숨을 고르며 우리나라의 주택문제를 해결하기 위해 무엇을 중시해야 할 것인가에 대해 생각해봤으면 합니다. 대한민국 국민이면 누구나 살 만한 집에서 살 수 있어야 한다는 것. 그리고 어디에서 사는가로 인해 차별을 받지 않도록 하는 것. 이것이 당연한 권리로 인정받아야 한다는 것. 이러한 생각들을 담아 주거정책을 펼쳐나가면 우리나라 또한 남들이 부러워할 만한 제도를 만들어갈 수 있지 않을까요?

부동산 **8**

우리가 만들어가는
아름다운 집과 땅 이야기

장면 1 | 학교에 나오지 않는 친구

선생님이 초등학교 6학년 때입니다. 같은 반 친구가 며칠째 연락도 없이 학교에 나오지 않았어요. 그래서 담임선생님과 친구들 몇이서 찾아갔지요. 전화하지 왜 직접 찾아가냐고요? 그 시절에는 전화가 있는 집은 웬만큼 사는 집이었어요. 선생님이 살았던 북한산 아래 동네 역시 전화가 있는 집이 그리 많지 않았지요. 친구 집은 학교에서 좀 멀었습니다. 가정환경조사서에 적힌

주소를 들고 삼양동 산동네를 찾아갔는데, 아무리 찾아도 그 친구가 사는 집이 없는 거예요. 길을 묻는 우리를 한 꼬마 아이가 동네 끄트머리로 데리고 갔어요. 판잣집 동네의 좁디좁은 골목을 한참이나 지나고 나서 겨우 친구 집을 찾을 수 있었어요. 그날 얼마나 놀랐던지! 그 친구의 집은 땅속에 있었어요. 지금도 서울에 흔히 있는 반지하방 말고, 건물의 지하 말고, 진짜 정말 땅속에 있었다고요. 이 땅굴집은 땅 위로는 문만 나 있어요. 문을 열고 밑으로 내려가듯 집으로 들어가면, 땅속에 굴을 파서 만든 방이 있어요.

그 방의 어두운 구석에 친구의 아버지가 앓아 누워계시던 모습을 선생님은 지금도 잊을 수가 없어요. 구석기 시대 이야기가 아닙니다. 한국전쟁이 끝난 직후의 폐허 얘기도 아닙니다. 때는 1979년, '한강의 기적'이 이루어졌다고, 수출 한국이 세계를 놀라게 했다고, 우리도 곧 선진국이 될 수 있다고 하던 때의 일입니다.

30년 가까운 세월이 흐른 뒤 선생님은 신문 기사에서 땅굴집을 다시 만납니다. 제2차 세계대전의 격전지인 러시아 남부 볼고그라드시 북쪽의 '프리모르스코예' 마을이 있다고 합니다.

"들판 한쪽에 무나 감자를 저장하는 움집 같은 것이 보인다. 가까이 가보니 사람이 사는 땅굴집이다. 땅을 3~4미터 깊이로 파고

내전·가난에 뿔뿔이 … '고려인 이산가족' 눈물

연해주로의 귀환

농지 찾아 가족도 흩어져
러시아서 토굴 생활 신음
불법 체류자 신분 문제도

90년대 이후 5만여 명 돌아와
"봄 운했다" - 낯선 삶 고달파

■ 땅굴집에 살고 있는 고려인들. 일제강점기 당시 살 길을 찾아 연해주로 간 한국인들은 중앙아시아로 강제 이주
당했다. 그들의 후손들이 소련의 붕괴로 인한 정치적 혼란과 궁핍을 피해 다시 주변국으로 탈출했다. 〈중앙일
보〉 2007년 11월 1일자.

그 위에 갈대나 판자로 지붕을 얹은 집이다. 고려인과 조선족 10

여 가구가 여기서 토굴생활을 하고 있다.

고려인 아파나시예프 함(64) 씨도 그들 중 하나. 함 씨는 수만 명

의 목숨을 앗아간 타지키스탄 내전(1992~1997년)을 피해 1997년

이곳으로 왔다. 3~4평(약 10~13제곱미터) 남짓한 지하 방은 대낮

인데도 냉랭한 한기가 돈다.

함 씨는 부인(53)만 데리고 이곳으로 왔다. 딸은 고향인 타지키스

탄에, 아들은 우즈베키스탄에 남겨됐다. 함 씨도 매년 2헥타르

정도의 땅을 빌려 토마토와 수박 농사를 짓는다. 그는 "고향이 조용해지면 돌아가려 했는데 벌써 10년이 지나 이젠 돌아가기가 힘들어졌다"며 고개를 떨구었다.

소련의 붕괴는 중앙아시아에서 막 삶의 터전을 잡아가던 고려인을 또다시 유랑의 길로 내몰았다. 체제 붕괴가 몰고 온 정치적 혼란과 경제적 궁핍을 피해 수많은 고려인이 고향을 떠나야 했다. 타지키스탄 내전 때는 8000명에 이르는 고려인들이 주변국으로 탈출했다.

최근에는 중국 옌볜 등지에서 조선족들까지 농사를 지으러 오면서 토굴 생활자가 더 많아졌다. 땅굴에서 영하 40도까지 내려가는 혹한의 겨울을 나고, 물이 귀해 제대로 씻지도 못하기 때문에 토굴 생활자들 중에는 병을 앓고 있는 경우가 많다고 한다." [15]

장면 2 | 우리 집은 계속 이사를 다녔어요

이사 가던 날

서홍관

개나리 울던 날
이삿짐을 꾸렸다.

장롱을 싣고 이불짐을 싣고

찬장을 실었는데

화분 세 개가 마당에 남아 있다.

"그냥 가자."

"……."

안 간다고 보채는

아이를 달래며

황사바람 속을

트럭이 달렸다.

- 서홍관, 『지금은 깊은 밤인가』, 실천문학사, 1992.

어릴 때 우리 집은 계속 이사를 다녔습니다. 집이 없어서 세를
살았거든요. 올려 달라는 세를 감당하지 못해서 이사하고, 식구
가 너무 많다고 주인집에서 눈치 줘서 이사하고, 계속 이사했습
니다. 한 번씩 이사를 할 때마다 집은 점점 작아졌어요. 집을 옮
길 때마다 버스 정거장에서 점점 멀어졌어요. 점점 높고 가파른
곳에서 살게 되었어요.

■ 다세대주택. 반지하와 옥탑방은 살 만한 집이라는 기본적인 권리를 충족시켜주지 못한다.

자고 일어나면 집값이 뛰는 1980년대, 집만 있으면 집이 돈을 번다는 그때에 우리 집은 집이 없어서 늘 이사를 다녔습니다. 21세기가 된 지금도 오르는 집세를 감당 못해 점점 작고 불편한 집으로 이사하는 사람들이 많이 있지요.

장면 3 | 닭장집이라고 들어봤나요

선생님이 대학 다니던 시절 서울 가리봉동에 가본 적이 있어요. 가리봉동에는 닭장집이라는 집들이 많이 있었어요. 닭장집에는 몸 하나 눕힐 만한 작은 방이 다닥다닥 붙어 있고, 화장실과 부엌은 공동으로 쓰도록 되어 있습니다. 근처 구로공단에서 일하던 노동자들이 주로 이 방에서 세를 살았습니다.

얼마 전 옛날 일이 떠올라 그 동네에 가보았어요. 세상에! 아직도 그대로 있더군요, 그 닭장집! 지금은 주로 이주노동자들이 살고 있어요.

장면 4 | 화장실 갔다 오느라 늦었어요

서울 혜화동에 있는 여자중학교에서 교생 실습을 했습니다. 선생님이 맡은 반 친구들 몇몇이 대놓고 지각을 하는 겁니다. 나중에 사정을 알고 보니, 그 친구들은 근처 낙산에 있는 오래된 아파트에 사는 친구들이었어요. 그 아파트에는 한 층에 화장실이 하나라는 것입니다. 아침이면 화장실 앞에 줄 서는 게 큰일이겠죠? 여차하면 지각할 수밖에 없는 딱한 사정이 있었던 것이지요.

그때가 1989년. 서울올림픽을 계기로 선진국으로 도약을 했다는 바로 그 시절, 수도 서울의 이야기입니다.

아직도 계속되는 집에 대한 이야기들...

집에 얽힌 서글픈 추억 한 토막쯤 없는 사람이 없을 거예요. 그런데 선생님이 이렇게 서글픈 기억들을 늘어놓는 이유가 뭘까요? 이 얘기들이 아직도 계속되고 있기 때문입니다. 집값은 계속 올라서 자기 집이 없는 사람들은 늘 불안하게 살아야 하고, 가난한 사람들의 주거 환경은 아직도 너무나 열악하고…….

'우리도 한번 잘살아보자'는 기치 아래 온 국민이 경제성장에 열을 올리던 1970년대 우리 국민들의 목표는 '백억 불 수출, 천 불 소득'이었습니다. 이제 우리의 1인당 국민소득은 2만 달러가 넘었는데, 집에 대한 걱정과 근심으로부터 자유로운 사람이 그리 많지 않다는 것, 살고 있는 집이 인간다운 삶을 잘 보장해주고 있지 않다는 것은 문제라고 할 수 있지 않겠어요.

여기서 얻을 수 있는 결론! 집과 땅 문제란 세월이 가면, 소득이 높아지면 저절로 해결되는 문제가 아니라는 것입니다. 생각을 바꾸어야 합니다. 살 만한 집이 우리 삶에서 얼마나 중요한 조건인지를 알았다면, 그리고 그것을 제대로 누리고 살기가 너무 어려운 세상인 것을 알았다면, 이제는 어떻게 해야 누구나 살 만한 집에서 살 수 있을까를 생각해봐야 하지 않을까요? 하루 벌어 하루를 근근이 먹고사는 사람도, 부양해줄 자식이 없는 할머니 할아버지도, 돌봐줄 부모가 없는 소년 소녀 가장도, 코리언드림을 꿈꾸며 한국에 온 이주노동자들도, 그 누구라 할지라도 살 만한 집에서 살 수 있는 사회를 우리가 만들 수는 없을까요?

집은 인권이다

집 문제에 있어서 생각의 전환이 필요하다고 생각합니다. 하나는 살 만한 집에서 사는 것은 사람이라면 누구나 누릴 수 있는 권리, 누려야 할 권리, 국가에 요구할 수 있는 권리라는 것입니다. '집은 인권이다!'

우리 모두에게 신체의 자유가 있는 것처럼, 그리고 모두 그것을 당연하게 여기는 것처럼, 살 만한 집에서 살 권리도 그렇게 당연한 권리라고 생각해야 합니다. 주거권도 인권입니다. 그렇다면 주거권을 보장한다는 의미는 무엇일까요? 만약 돈이 없어서 살 만한 집을 구하지 못하는 사람에게는 국가가 살 만한 집을 제공해줄 의무가 있다는 것입니다. 많은 선진국들은 주거복지정책을 통해 가난한 사람도 살 만한 집에서 살 수 있도록 하고 있습니다. 이미 우리 사회의 소득 수준도 모든 국민에게 살 만한 집을 제공해줄 수 있는 수준에 올라 있습니다.

집은 그냥 집이다

두 번째 필요한 것은 '집은 그냥 집이다' 라는 생각입니다. 집은 신분 과시의 수단도 아니고, 재산 증식의 수단도 아니고, 그냥 우리가 자고, 먹고, 쉬고, 사랑하고, 추억을 만들어가는 그런 소중한 공간입니다. 집은 정말로 그냥 집입니다.

살기 좋은 동네, 크고 비싼 집에서 사는 것도 좋겠지만, 자기가 사는 곳을 살 만한 곳으로 만들어나간다면 더 좋지 않을까요? 아이들이 안전하게 뛰어놀 수 있는 놀이터, 노인들이 편안하게 쉴 수 있는 정자, 우리 친구들이 책을 빌려볼 수 있는 동네 도서관, 즐거운 산책로 ……. 재산 증식이나 신분 과시의 수단이 아니라 살고 사랑하기 위한 장소로 집을 생각한다면 우리 동네를 더 살기 좋게 만드는 일도 꼭 필요하다는 것을 알게 되겠지요.

'집은 그냥 집이다' 라는 것으로 생각을 전환하면 가난한 사람도 행복해지지만 부자들도 행복해질 수 있습니다. 더 큰 집, 더 비싼 집보다는 더 값진 것을 목표로 살아갈 수 있는 가능성이 열리는 것이니까요.

> "작년 말 부동산 광풍이 몰아닥쳐 나라 전체가 들썩인 적이 있다. 어느 지역은 순식간에 몇 억씩 집값이 올랐다고 한다. 그때 난 정말 궁금했다. 하루아침에 부자가 된 사람들이 그 차액으로 어떤 행복을 누렸는지가. 집을 팔아 그 돈으로 평소에 꿈꾸던 여행을 실컷 했다든지, 그동안 도와주지 못했던 친지들에게 큰 선심을 썼다든지, 아니면 억지로 다니던 직장을 때려치우고 공부를 하기

시작했다든지, 불행히도 그런 이야기는 단 한번도 들어본 적이 없다. 그러기는커녕 또다시 재테크를 해서 더 큰 아파트로 갈 계획에 돌입하거나 아니면 그저 자산이 늘었다는 뿌듯함으로 만족하는 것이 고작이었다."

- 고미숙, 『공부의 달인, 호모 쿵푸스』, 그린비, 2007.

꿈을 꾸면 세상이 바뀝니다.

선생님이 너무 먼 세상 얘기를 하고 있다고요? 하지만, 이런 말이 있습니다. "한 사람이 꿈을 꾸면 그건 꿈일 뿐이지만, 여러 사람이 같은 꿈을 꾸면 그건 현실이 된다." 그러니 꿈 같은 얘기라도 자꾸 나누어보는 겁니다. 꿈을 꾸고, 그 꿈을 공유하고, 그리고 그 꿈을 위해 아주 작은 무엇인가를 실천하기 시작하면서 세상은 바뀌어 왔다는 것, 여러분도 알지요?

부동산 통계 자료

좀더 깊이 알기 원하는 친구들을 위해서 선생님들이 2장에서 참고하고 인용한 통계 자료를 요약 정리했습니다. 이 자료는 『부동산 계급사회』(후마니타스, 2008)를 지은 손낙구 씨가 2005년 6월 〈프레시안〉에 연재한 '통계로 보는 부동산 투기 1~6' 입니다.

1. 우리나라 부동산 가격은 얼마나 올랐나? – 전국 땅값 30년 만에 19배로

■ **1974~2004년 사이의 부동산 가격지수(1974=100)**

	1974	1978	1980	1985	1987	1989	1993	1996	1998	2002	2004	총 증가율
땅값	100.0	214.7	416.6	677.6	833.8	1402.6	1744.2	1760.3	1525.7	1745.9	1875.5	19배
6대도시 땅값	100.0	387.4	552.9	1079.7	1308.6	2235.5	2884.6	2894.5	2451.3	2821.7	3018.0	30배
서울 땅값	100.0	474.0	572.0	1353.5	1491.9	2551.3	3301.2	3292.9	2765.8	335.1	3671.7	37배
집값	100.0	184.7	378.8	541.7	564.9	732.	813.2	823.0	735.4	977.6	1011.6	10배
소비자 물가	100.0	181.7	276.	389.8	412.7	467.5	617.8	719.8	807.9	890.7	959.1	10배

자료: 건설교통부, 국민은행, 통계청

정부가 체계를 갖춰 전국 수준의 땅값을 조사하기 시작한 것은 국토이용관리법 제28조에 따라 건설교통부가 1975년부터 작성한 전국 지가변동률 통계부터이다. 이 통계를 종합하면 전국의 땅값은 1974~2004년까지 30년 만에 19배, 대도시 땅값은 30배, 서울 땅값은 37배 뛰어올랐다. 같은 기간 동안 소비자 물가는 10배로 오르는 데 그쳤다.

2. 우리나라 부동산 가격은 얼마나 비싼가? - 세계 최고 수준

부동산의 가치기준을 측정하는 방법은 다양하기 때문에 국가별 땅값 수준을 정확히 비교하기는 쉽지 않지만, 한국의 땅값이 세계에서도 가장 비싼 수준이라는 점만은 분명하다. 우선, 땅값 총액 대비 국민총생산액 비율은 2004년 현재 2.6~2.9배 수준이다. 이것은 땅이 비싸기로 유명한 일본(2001년 현재 2.6배)에 버금갈 뿐 아니라 일반 선진국의 평균 1.0배에 비해 월등히 높다.

또한 1980년대 말경 다섯 나라를 비교한 이정우의 연구에 따르면 한국 땅을 전부 팔면 한국 땅의 100배에 달하는 캐나다를 6번 살 수 있고, 한국 땅의 5배가 넘는 프랑스를 8번 살 수 있으며, 미국 땅도 절반을 살 수 있다는 결론이 나온다.

또 한국감정원에서 네 나라의 땅값 수준을 5년 주기로 분석한 연구를 보면, 평당 가격 기준으로 한국은 세계 2위이다. 1995년 현재 한국의 평균 땅값은 세계에서 가장 땅값이 비싼 일본에 이어 두 번째 수준이며, 영국보다 5배 정도 높고, 미국보다는 50배가 높다.

■ **각국의 토지가치 비교**

구분		한국	일본	미국	영국
면적 (1995년 기준, 천㎢)		99.3	337.8	9809.4	244.9
GNP (10억 US$)	1985	83.4	1348.0	4053.6	466.2
	1990	251.8	2990.4	5524.5	985.8
	1995	452.6	5135.2	7246.7	1118.1
지가총액 (10억 US$)	1985	694.6	4178.8	4053.6	559.4
	1990	1889.4	16148.0	4972.1	1577.3
	1995	2146.0	19000.2	4348.0	1229.9
평균지가 (천원/평)	1985	20.6	32.5	1.2	6.7
	1990	45.0	101.1	1.2	15.2
	1995	55.1	128.6	1.1	12.8

자료 : 권욱일 외, 「세계 주요국의 지가동향과 토지정책에 관한 연구」, 1998, 한국감정원.

한국의 집값 역시 비싸기로는 세계 최고 수준이다. 2004년 서울 1~3차 동시분양 기준 공급면적 33평(전용면적 25.7평) 신규 아파트 평균 분양가격은 4억 3989만 원으로 일본 도쿄의 신축 맨션 평균 분양가격 5억 1110만 원과 영국 런던권 신규 주택 평균가격 4억 6483만 원에 비해 낮지만, 미국 북동부 지역 신규 주택 평균가격 4억 3430만 원을 뛰어넘고 있다.

특히, 서울 강남구의 2004년 3월 말 공급면적 33평 아파트의 평균매매가격은 7억 4481만 원으로 미국 뉴욕 맨해튼 아파트^{Coop와 Condos} 2004년 1/4분기 평균매매가격 7억 9171만 원(한국과 동일 평형 환산)과 비슷한 수준이다. 아시아 국가의 주택 가격(한국과 동일 평형으로 환산)과 비교해보아도 서울 아파트 매매가격에 비해 타이완이 66.8퍼센트(2002년), 싱가포르가 41.5퍼센트(2004년 1/4분기) 수준에 그치고 있다. 서울 등 주요 국가의 대도시권을 중심으로 비교할 때 한국의 최근 신규 주택 가격은 미국과 일본이 1인당 GDP(국내총생산) 3만 달러를 달성한 시점의 가격에 근접하고 있다. 1인당 GDP 대비 주택가격 배수와 가계소득 대비 주택가격 배수를 비교해보면 우리와 경제 수준이 비슷한 타이완을 비롯한 아시아 국가는 물론 미국, 일본, 영국 등 최선진국에 비해서는 한국의 집값이 매우 높은 수준이다.

■ 한국과 다른 나라 대도시 주택가격 수준 비교(2003)

		미국	일본	영국	타이완	홍콩	싱가포르	한국	적정배수	
									평균	최대
신규	주택가격/1인당 GDP	8.3	11.8	11.8	–	–	–	23.7	10.6	11.8
주택	주택가격/가계소득	5.5	7.3	7.5	–	–	–	10.1	6.8	7.5
기존	주택가격/1인당 GDP	6.3	6.1	12.8	13.6	12.1	5.9	24.0	9.5	13.6
주택	주택가격/가계소득	4.1	3.7	8.1	5.3	6.5	3.8	10.3	5.3	8.1

주 : 1) 비교 대상은 한국 서울, 미국 북동부 지역 주택, 영국 런던권의 저택, 일본 도쿄의 맨션, 타이완 타이베이의 일반집합주택
  등 주요 대도시 주택임. 편균과 최대는 한국 제외
  2) 기존 주택가격 항목의 주택가격/1인당 GNP 가운데 일본과 타이완은 2002, 홍콩은 2001년 수치임.
자료 : 서영훈, 2004.

3. 부동산을 누가 가지고 있나? – 부동산 소유 편중 심각

우선 땅의 경우, 전체 가구의 절반 이상, 서울 등 대도시 시민 70
퍼센트 이상은 단 한 평의 땅도 갖고 있지 않은 가운데, 대다수
땅은 일부 땅 부자가 독점하고 있다. 나머지 절반의 가구만이 토
지를 가지고 있으나 상위 5퍼센트의 땅 부자가 국토 사유지의 절
반 이상(연구결과에 따르면 44~68퍼센트)을 소유하고 있고, 하위계
층 50퍼센트가 소유한 땅은 일부(0.8~6.4퍼센트)에 지나지 않는
등 땅 가진 사람 안에서도 소유 편중이 극에 달하고 있다. 특히
이 통계는 땅을 한 평도 갖지 못한 절반의 가구를 제외한 통계이

므로 이들을 포함했을 경우 실제로는 상위 1.3퍼센트의 가구가 65.2퍼센트의 땅을, 상위 3.9퍼센트 가구가 87.7퍼센트의 땅을 소유하고 있다는 이야기가 된다.

■ 토지소유 현황 비교(%)

소유계층	토지공개념위원회 조사 결과		현진권의 연구 결과(가격 기준)			
	(면적 기준) 개인		개인(88%)		법인(12%)	
	비율	누적	비율	누적	비율	누적
상위 5%	65.2	65.2	44.2	44.2	2.2	85.9
6~10%	11.7	76.9	11.7	55.9	6.2	92.1
11~20%	10.8	87.7	13.9	69.7	4.5	96.5
21~30%	5.4	93.1	9.1	78.8	1.6	98.2
31~40%	3.2	96.3	6.4	85.2	0.8	99.0
41~50%	1.8	98.2	4.7	89.9	0.5	99.5
51~60%	1.0	99.2	3.7	93.6	0.3	99.7
61~70%	0.5	99.7	2.9	96.5	0.2	99.9
71~80%	0.3	100.0	2.0	98.5	0.1	100.0
81~90%	0.2	100.0	1.2	99.7	0.0	100.0
91~100%	0	100.0	0.3	100.0	0.0	100.0

자료 : 토지공개념위원회보고서, 1989; 현진권, 1996.

집의 경우 2002년 말 행정자치부가 내놓은 세대별 주택소유현황에 따르면, 전체 세대의 절반이 넘는 841만 세대(50.3퍼센트)는 '집도 절도 없는' 무주택자이다.

자기 집이 있는 832만 세대 중 1세대 1주택은 556만 세대이며(전체 세대의 34.1퍼센트), 집을 두 채 이상 갖고 있는 1세대 다주택은 276만 세대(전체 세대의 16.7퍼센트)로, 이들이 차지한 집은 모두 814만 호(전체 아파트의 71퍼센트)이다. 집 부자들이 평균 집을 세 채(2.95호)씩 차지하고 있는 것이다. 이들 집 부자 중에서 집을 5채씩 차지한 세대는 11만 5000세대, 6~10채를 차지한 세대는 14만 세대에 이르고, 3만 세대는 11채에서 20채까지 독차지하고 있다. 결국 전체의 절반이 넘는 사람들은 집도 절도 없이 떠도는데, 전체의 1.7퍼센트에 불과한 29만 세대가 집을 5채에서 20채까지 독차지하고 있는 것이다.

■ **집 있는 사람, 집 없는 사람**

소유주택수	무주택	1주택	2주택	3주택	4주택	5주택	6~20주택	계
세대수	8,410,000	5,555,000	1,581,000	617,000	273,000	115,000	173,000	16,730,000
비율(%)	50	33	9	4	2	1	1	100

4. 그동안 얼마나 많은 집이 지어졌나? - 집은 남는데 국민 절반이 셋방살이 신세

건설교통부 추계에 따르면, 2004년을 기준으로 전국에 지어진

집은 1298만 8700채이다. 반면 가구 수는 1271만 3900가구이니 단순 계산으로는 모든 가구가 살고도 집이 남아야 한다. 1975년 74.4퍼센트이던 주택 보급률도 2002년을 기점으로 100퍼센트를 넘어섰고, 2004년 현재 전국은 102.2퍼센트, 서울과 수도권도 각각 89.2퍼센트와 93.9퍼센트로 높아졌다.

서울과 수도권도 다가구주택, 오피스텔 등을 포함한 실제 사용 가능한 주택을 포함하면 이미 100퍼센트에 근접하거나 넘어선 것으로 보인다.

주택 보급률이 100퍼센트를 넘어섰지만, 자기 집 보유율은 오히려 63.5퍼센트에서 54.2퍼센트로 떨어졌다. 대신 셋방살이 비율은 33.2퍼센트에서 43퍼센트로 10퍼센트나 늘었다. 자기 집을 장만해 사는 사람은 2000년 현재 전국 기준으로 절반이 조금 넘고, 전체의 43퍼센트인 무려 615만 가구, 줄잡아 2000만 명은 집도 절도 없이 전세나 월세를 전전하며 살고 있다. 서울의 경우 더 심해서 열 집 중 네 집만 집이 있고, 나머지 여섯 집은 남의 집에서 전·월세를 살고 있다. 수도권의 경우도 내 집을 장만한 47.6퍼센트보다 훨씬 많은 52퍼센트 이상이 무주택자로 남의 집을 전전하고 있다.

■ **최근 주택 보급률 현황(%)**

구분	2001년	2002년	2003년	2004년
전국	98.3	100.6	101.2	102.2
서울	79.7	82.4	86.3	89.2
수도권	88.6	91.6	92.8	93.9

자료: 2005년 주택종합계획, 건설교통

■ **1975~2000년 우리나라 주택 보급률과 자기 집 보유율의 흐름(전국, 단위:%)**

구분	1975	1980	1985	1990	1995	2000
주택 보급률	74.4	71.2	69.8	72.4	86.0	
자기집 보유율	63.5	58.6	53.6	49.9	전국 53.3 서울 39.7 수도권 46.0	전국 54.2 서울 40.9 수도권 47.6
전월세 비율	33.2	39.3	42.8	46.9	44.2	43.0

자료: 각년도 인구주택총조사, 통계청

5. 우리나라에서 내 집을 마련하는 데 얼마나 걸리나? – 10년? 15
   년? 30년?

통계청이 이미 내 집을 장만한 가구주를 대상으로 조사한 데 따
르면, 1987년에 내 집을 마련하는 데 걸린 기간은 결혼 후 8년 5
개월이었지만 1997년 이후 현재까지는 10~11년이 걸린 것으로

나타났다. 1990년대에는 서너 차례 이사를 다닌 후 내 집을 장만했지만, 2000년대 들어서는 다섯 차례 정도 이사를 다닌 뒤에야 내 집을 장만했고, 1980년대에는 30대에 내 집을 장만했지만, 2000년대 들어서는 40대가 되어서야 집을 장만하는 것으로 나타났다.

그러나 내 집 마련 조달비용 중 돈을 저축해서 조달한 것은 절반 정도에 지나지 않는다. 전체 집값의 4분의 1 이상을 부모의 상속재산이나 가족의 보조를 받아 충당했고, 나머지 4분의 1은 빚을 진 것으로 나타나 부모의 상속이나 가족의 도움에 빚까지 지지 않고는 이 기간 안에 내 집을 장만할 수 없고 최소한 두 배 이상의 기간이 걸린다는 얘기이다.

■ **결혼 후 내 집 마련에 걸리는 시간**

연도		1987	1992	1997	2001	2004
내 집 마련 기간		8년 5개월	9년 1개월	10년 11개월	10년 9개월	10년 1개월
내 집 마련 전 이사 횟수		–	3.4회	3.6회	5회	4.7회
방법 (%)	저축	42.3	49.2	43.0	49.2	50.5
	상속증여/가족보조	44.6	40.5	36.2	29.3	26.6
	융자/사채	8.7	6.4	16.1	16.7	19.1
	기타	4.3	3.9	4.7	5.0	3.8

자료: 각년도 사회통계, 통계청

그렇다면 서울에서 내 힘으로 내 집을 장만하는 데는 얼마나 걸릴까? 한 부동산 정보업체가 조사한 데 따르면 세계 최고 수준의 부동산 가격을 뽐내는 대한민국 서울에서 자신의 힘으로 25평 서민 아파트를 장만하려면 고졸자는 24년, 대졸자는 15년 4개월이 걸리는 것으로 나타났다. 32평 아파트를 마련하는 데 걸리는 기간은 고졸자가 31년 3개월, 대졸자는 20년 4개월이 걸린다.

또한 가구당 월 소득 467만원, 월 지출 386만 7천원(통계청, 2004년 1분기)인 전문직이 25평을 장만하는 데는 13년 8개월이, 월 소득 207만 1000원, 월 지출 168만 1000원인 단순노무직은 27년 8개월이 걸렸다. 준전문직은 14년 6개월, 사무직은 22년 5개월, 서비스직은 27년 6개월, 기능직은 24년 10개월이 걸린다.

■ '내 힘으로' 내 집 마련 기간(학력별)

	가구당 월 소득	가구당 월 지출	회사채 수익률	서울 25평 아파트 값	내 집 마련 기간
고졸자	2,816,000원	2,342,000원	5.30%	2억 2382만 원	24년
대졸자	3,941,000원	3,074,000원			15년 4개월

주: 1) 가구당 월 소득(세대원 소득 포함, 경상소득 + 비경상소득)과 지출은 지출은 통계청 2004년 1분기 기준
  2) 회사채(3년, AA-)는 2004년 3월 기준
  3) 서울 25평 아파트 값은 평균 매매가격으로 부동산뱅크 조사 결과.
  4) 부모의 재산상속이나 대출 등은 감안하지 않고, 월소득에서 가계지출을 제외한 전 금액을 저축하는 방법으로 스스로의 힘으로 내 집 마련하는 경우를 전제로 한 것임.
자료: 부동산뱅크

■ '내 힘으로' 내 집 마련 기간(직종별)

직종	전문직	준전문직	사무직	서비스직	기능직	단순노무직
기간	13년 8개월	14년 6개월	22년 5개월	27년 6개월	24년 10개월	27년 8개월

주와 출처는 앞의 표와 같음.

6. 최저 기준에 미달하는 집에 사는 사람들은 얼마나 되나? 1000만 명

우리나라 헌법 35조는 국가가 국민에게 쾌적한 주거생활을 보장할 의무가 있다고 규정하고 있으며, 주택법 제5조에 따르면 건교부 장관은 국민이 쾌적하고 살기 좋은 생활을 영위하기 위하여 필요한 최소한의 최저주거기준을 설정·공고하도록 하고 있다.

■ 2004년 최저주거기준

1. 침실 등 방의 개수와 총 주거 면적
   - 1인 가구(3.6평): 방 1, 부엌 • 부부(6.1평): 방 1, 식사가 가능한 부엌
   - 부부, 자녀 1(8.8평): 방 2, 식사가 가능한 부엌
   - 부부, 자녀 2(11.2평): 방 3, 식사가 가능한 부엌
   - 부부, 자녀 3(12.4평): 방 3, 식사가 가능한 부엌
   - 노부모, 부부, 자녀 2(14.8평): 방 4, 식사가 가능한 부엌

2. 필수적인 설비
   - 수도·지하수 이용을 완비한 전용 입식 부엌과 전용 수세식 화장실 및 목욕 시설

---

3. 구조 · 성능 및 환경 기준
– 건축법, 환경 관련법 등 개별법에 규정

자료: 2004년 주택업무편람, 건설교통부.

그러나 전체 가구의 23.1퍼센트에 해당하는 330만 6000가구, 줄잡아 1000만 명에 달하는 맨 밑바닥 사람들은 최저주거기준에도 못 미치는 집에서 살고 있다. 그 가운데 112만 가구는 단칸방에 살고 있다. 최저기준 미달가구의 46퍼센트(152만 가구)가 수도권에 집중되어 있으며, 그 중 절반 가까운 73퍼센트는 서울에 살고 있다.

최저기준 미달 가구는 일반 가구에 비해 주거 면적, 주택 유형, 점유 형태, 주거 시설 등 모든 면에서 크게 뒤떨어져 '인간다운 삶의 조건'에서 크게 밑돌고 있다.

일반 가구의 주거 면적이 평균 19.1평인데 비해 미달 가구는 3분의 2 크기인 13.1평이었고, 1인당 주거 면적과 방당 가구원 수도 각각 6.2평, 1.23명으로 일반 가구의 7.3평과 0.98명에 비해 주거 밀도도 훨씬 높았다. 일반 가구의 36.6퍼센트가 아파트에 사는 반면 미달 가구 중 아파트 거주 비율은 6.0퍼센트에 지나지 않았고 83.8퍼센트는 단독 또는 다가구주택에 살고 있다.

시설도 일반 가구에 비해 훨씬 엉망이다. 일반 가구는 입식 부억, 수세식 화장실, 온수 목욕탕이 갖춰진 정상적인 집에 사는 비율이 87퍼센트가 넘지만, 미달 가구는 수세식 화장실이 갖춰진 곳은 29퍼센트밖에 안 되고, 온수가 나오는 목욕탕을 갖춘 집에 사는 비율도 절반밖에 안 된다.

일반 가구는 지은 지 13년 정도 되는 집에 사는데, 미달 가구는 지은 지 22.2년이나 된 낡은 집에서 살고 있다. 미달 가구 중 42.9퍼센트가 자기 집을 갖고 있는데(일반 가구는 54.2퍼센트), 자기 집이라 해봤자 좁고 낡고 수세식 화장실조차 안 갖춰진 초라한 곳이고, 그 가운데 71.5퍼센트는 20년이 넘도록 그 집을 벗어나지 못하고 있는 것으로 조사됐다. 그런 집조차 없이 셋방살이 하는 사람 비율은 53퍼센트로 일반 가구에 비해 10퍼센트 이상 많고, 특히 월세 사는 사람의 비율은 두 배 이상 높았다.

■ **최저주거기준 미달 가구 현황**

구분	전체 가구	미달 가구	침실 수 미달	전용 부엌·화장실 미달	중복 미달
가구수	1,4312,000	3,306,000	2,090,000	744,000	472,000
비율(%)	100	23.1	5.2	5.2	3.3

자료: 2004년 주택업무편람, 건설교통부(2000년 인구주택총조사 자료로 산정).

3장

노동

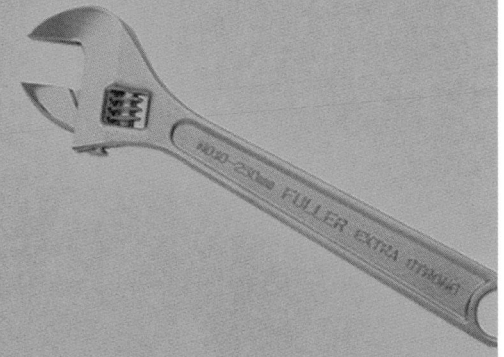

노동과 노동자

노동자가 될 친구들에게

"안녕하세요. 여러분을 환영합니다. 이제부터 앞으로 노동자가
될 여러분에게 노동자인 선생님이 노동과 노동자에 대한 이야기
를 들려주려고 합니다. 이 이야기는 '행복'에 대한 이야기이기
도 합니다."

이 인사말을 읽으면서 어떤 생각을 했나요? '엇, 내가 앞으로 노
동자가 될 거라고? 아니야, 나는 전문적인 일을 하면서 살 거야.'

'나는 부자가 될 거야.' '기분 나쁘군. 왜 나보고 노동자가 될 거라는 악담을 하는 거야?' 이런 생각들이 떠올랐나요. 보다 분석적인 친구들은 이렇게 생각했겠지요. '선생님이 노동자라고? 말도 안 돼. 교직은 전문직 아닌가?'

이런 생각을 하게 되는 이유는 노동하면 떠오르는 이미지가 공장에서 무언가를 만들어내는 일을 하거나, 건설 현장에서 안전모를 쓰고 일하는 장면이기 때문일 거예요.

이 이야기에서는 노동과 노동자에 대한 이와 같은 오해를 바로잡는 일에서부터 시작하고자 합니다. 결론부터 말하면, 우리 대부분은 노동자로 살아갑니다. 선생님이 노동자인 것도 맞아요. 그리고 우리가 노동하는 존재라는 것은 매우 중요합니다. 노동자라는 것은 우리 사회를 이끌어가는 중요한 사람이라는 의미이기도 합니다.

노동이 오늘의 인류를 만들었습니다. 독일의 극작가이자 시인인 베르톨트 브레히트는 다음과 같은 시를 지었습니다. 우리는 앞으로 이 시의 마음을 간직하면서 노동에 대해 알아보겠습니다.

어느 책 읽는 노동자의 의문

베르톨트 브레히트

성문이 일곱 개나 되는 테베를 누가 건설했던가?

책 속에는 왕의 이름들만 나와 있다.

왕들이 바윗덩어리들을 끌어 왔던가?

그리고 몇 차례나 파괴되었던 바빌론 -

그때마다 누가 그 도시를 재건했던가?

황금빛 찬란한 라마에서 건축노동자들은 어떤 집에 살았던가?

만리장성이 완공된 날 저녁

벽돌공들은 어디로 갔던가?

위대한 로마는 개선문들로 넘치는데,

누가 그것들을 세웠던가?

로마의 황제들은 누구를 정복하고 승리를 거두었던가?

흔히들 칭송되는 비잔틴에는 그 시민들을 위한 궁전들만 있었던

가?

전설의 나라 아틀란티스에서조차

바다가 그 땅을 삼켜버리던 밤에

물에 빠져 죽어가는 자들은

그들의 노예를 찾으며 울부짖었다.

젊은 알렉산더는 인도를 정복했다.

그가 혼자서 해냈을까?

시저는 갈리아를 쳤다.

적어도 취사병 한명쯤은 데려가지 않았을까?

스페인의 필립왕은

그의 함대가 침몰 당하자 울었다.

그 외에는 아무도 울지 않았을까?

프리드리히 2세는 7년전쟁에서 이겼다.

그 외에도 누군가 승리하지 않았을까?

역사의 페이지마다 승리가 나온다.

승리의 향연은 누가 차렸던가?

십년마다 한명씩 위대한 인물이 나온다.

누가 그 비용을 대 주었던가.

그처럼 많은 사실들...

그처럼 많은 의문들...

사자의 식사와 인간의 식사

'동물의 왕국' 같은 자연다큐멘터리 프로그램에서 사자가 저녁 무렵 사냥하는 모습을 본 적이 있나요? 낮에는 주로 나무 그늘 같은 곳에서 잠을 자거나 쉬고 있다가 저녁때가 되면 사냥을 합니다. 사냥은 주로 암사자가 하며 잡은 먹이는 숫사자가 먼저 먹고 난 다음에 암사자와 새끼가 먹습니다. 사자의 식사는 사자가 지구상에 출현한 이래 늘 같은 식이었습니다.

인간도 식사를 합니다. 농사지은 쌀과 야채, 바다에서 잡은 생선 등을 시장에서 사와 요리하기도 하고, 공장에서 미리 조리된 제품을 사와서 간단히 데워 먹기도 합니다. 그릇도 사용하고, 숟가락과 젓가락도 사용합니다.

선사시대부터 오늘에 이르기까지 인간의 식사는 계속해서 변화해 왔고, 앞으로도 변화할 것입니다. 지역마다, 사회마다 다른 방법의 식사 문화를 발전시켜 온 점도 사자와 인간의 다른 점입니다. 무엇보다 다른 것은 인간은 자연 그대로 먹지 않는다는 것입니다. 밥을 생각해볼까요. 밥을 짓기 위해서는 쌀이 필요합니다. 쌀은 농사지은 벼에서 얻습니다. 농사 자체가 인간이 자연을 변화시킨 것입니다.

상상해볼까요? 볍씨를 모아 한군데다 뿌리고 일부러 키웁니다.

벼가 잘 자라도록 땅을 개간하고 물길을 만들었을 것입니다. 다른 잡초들이 양분을 빼앗아가지 않도록 잡초들을 골라내는 일도 빠지지 않겠지요. 벼가 자라면 추수를 하고 탈곡을 하고, 벼의 겉껍질을 적당한 정도로 벗겨 쌀을 만듭니다. 각 가정에서는 이 쌀을 사서 밥을 짓습니다. 그리고 오늘 밥상 위에 놓인 이 한 그릇의 밥. 우리가 먹는 밥에는 인류의 오랜 역사가, 그리고 수많은 사람의 땀이 담겨 있습니다. 사자의 식사와는 아주 다른 것입니다.

이 밥이 내게 오기까지 노동이 있다

한 그릇의 밥이 내게 오기까지 수많은 사람들이 계속해서 무언가를 했습니다. '무언가를 하는 것' 이 바로 '노동' 입니다. 우리가 살아가기 위해 필요한 모든 것은 인간의 노동을 통해 만들어집니다. 즉, '인간이 생활에 필요한 물자를 얻고 삶의 가치를 실현하기 위해 육체적 노력이나 정신적 노력을 행하는 것' 을 노동이라고 합니다.

어떤 사람은 지금 내가 입고 있는 이 옷은 기계로 만든 직물을 원료로 해서 기계로 박음질을 한 옷이라고 말할지 모르겠습니다. 그러나 그 기계를 만들기 위해서는 인간의 노동이 필요합니다.

물레에서 실을 뽑아 베틀로 직물을 만들고 손바느질로 옷을 완성하던 인간의 노동이 쌓이고 쌓여 옷을 만드는 기계로 발전하게 된 것입니다. 하나하나 짚고 들어가면 모든 것이 자연과 자연에 가해진 인간의 노동에서 비롯되었습니다. 자연이 없다면 우리 인류가 생겨날 수도 없었겠지만, 노동이 없다면 우리 인류가 인류로서의 삶을 살 수 없었을 것입니다. 그래요, 우리 인간은 모두 노동하는 존재입니다. 그리고 그 노동이 인간의 문화를 만들어내었습니다. 노동 덕분에 오늘날 우리의 삶이 있는 것입니다.

누가 노동자일까

우리는 살아가면서 생활에 필요한 것들을 손에 넣어야 합니다. 이것들을 손에 넣는 방법은 크게 두 가지입니다. 첫 번째는 생산수단을 가지고 있는 것입니다. 예를 들면 농사를 짓기 위한 땅이나 물건을 생산하기 위한 기계나 건물 같은 것을 가지고 있으면 됩니다. 그리고 돈을 가지고 투자를 해도 되지요. 즉, 부동산 임대, 주식 투자, 금융 이자 등으로 살아가는 방법이 있습니다. 하지만 이 방법으로 살아갈 수 있는 사람들은 많지 않습니다.

대부분의 사람들은 두 번째 방법으로 살아갑니다. 바로 노동을 하는 것이지요. 다시 말해 일을 하면 됩니다. 일에는 여러 가지가 있습니다. 의자를 만드는 일도 있고, 자동차를 만드는 일도 있습니다. 건물을 짓는 일도 있고, 다리를 놓는 일도 있습니다. 옷을 디자인하는 일도 있고, 컴퓨터 프로그램을 만드는 일도 있습니다. 글을 쓰는 일도 있고, 그림을 그리는 일도 있습니다. 사진을 찍는 일도 있고, 요리를 하는 일도 있습니다. 이렇게 먹고 살기 위해 일하는 사람을 우리는 노동자라고 부릅니다.

"그럼 우리 엄마는 주식 투자도 하고 회사도 다니는데 그러면 우리 엄마는 노동자인가요, 아닌가요?" 이런 질문이 나올 수도 있겠지요. 이때는 생활에서 생산수단이 차지하는 비중과 노동으로 얻는 수입이 차지하는 비중을 따져보면 됩니다. 만약 생산수단이 차지하는 비중(이 경우에는 주식 투자로 인한 수익이 되겠죠)은 미미하고 대부분은 노동으로 얻는 수입에 의존하고 있다면 그는 노동자가 맞습니다.

노동자는 노동자인데, 자기가 생산수단도 소유하고 있는 경우도 있습니다. 자기 땅에서 농사를 짓고 있는 농민이나 자기 배로 고기를 잡은 어민이 이 경우입니다. 자기 자본으로 가게를 임대해서 식당을 하는 경우도 있습니다. 문구점이나 슈퍼마켓도 마찬가지입니다. 이들은 자영 노동자라고 부릅니다.

생산수단을 전혀 가지고 있지 않은 사람도 있습니다. 아주 많이 있지요. 이들은 생산수단을 가진 누군가에게 고용되어 일합니다. 그리고 그 대가로 임금을 받습니다. 예를 들면 다른 사람의 과수원에서 일하는 농업 노동자를 생각해볼 수 있습니다. 다른 사람의 배를 타고 임금을 받는 어업 노동자도 있지요. 식당에서 음식을 나르고 주방 일을 도우며 임금을 받는 사람도 있습니다. 삼성과 같은 대기업에 근무하며 임금을 받는 사람도 있습니다. 이들은 하는 일도 다르고 일터도 다르고 받는 보수도 천차만별이지만, 하나의 공통점이 있습니다. 노동을 하고 대가로 임금*을 받는다는 점입니다. 이런 사람들을 임금 노동자**라고 부릅니다. 임금 노동자는 노동자 가운데 어딘가에 고용되어 임금을 받는 노동자를 말합니다. 그러니까, "너희 부모님 뭐하시니?" 하는 질문에 "회사 다녀요"라고 대답하는 경우입니다.

같은 일을 해도 어떤 형태로 일하느냐에 따라 자영 노동자가 될 수도 있고, 임금 노동자가 될 수도 있습니다. 예를 들어 동네에서 작은 개인병원을 운영하는 의사는 스스로 병원이라는 생산수단을 소유하고 있으면서 동시에 의료 서비스를 제공하는 노동을

---

* 임금이란 노동을 제공하고 받는 대가를 말합니다. 임금은 지급하는 방법에 따라 여러 가지 이름으로 불립니다. 월급은 한 달을 기준으로, 연봉은 1년, 주급은 일주일, 일당(일급)은 하루를 기준으로, 시급은 한 시간을 기준으로 임금을 지급하는 것입니다. 봉급은 일을 한 대가로 받는 돈이라는 의미로 보통 월급을 일컫는 용어로 사용합니다.
** 근로기준법상의 근로자는 직업의 종류를 불문하고 사업 또는 사업장에서 임금을 목적으로 근로를 제공하는 자를 뜻합니다.

합니다. 이 경우에 그는 자영 노동자입니다. 하지만 대형 종합병원에 고용되어 있는 의사라면 그는 임금 노동자입니다.

오해 1 | 정신노동과 육체노동

우리는 노동이라고 하면 보통 육체노동을 많이 생각합니다. 건설 현장에서 무거운 짐을 운반하는 일이라든지, 공장에서 기계를 다루는 일과 같은 것 말입니다. 하지만, 컴퓨터로 작업하는 것도 노동이고 설계 도면을 그리는 것도 노동입니다.

어떤 경우에는 정신노동과 육체노동을 구분하면서 정신노동은 좀더 중요하고 고상한 일인 것처럼 생각하기도 합니다. 그렇다면, 선생님이 하는 일은 육체노동일까요, 아니면 정신노동일까요? 가르치는 일은 머리를 많이 써야 하는 일이니까 정신노동일까요? 그러나 몇 시간 동안 서서 큰 소리로 말하고 학생들과 함께 움직이고, 책상을 옮기고, 교무실과 교실 사이를 끊임없이 오가고, 점심시간에는 밥을 퍼주는 일도 하는 것을 보면 육체노동이라고 할 수도 있겠지요. 세상 모든 일이 마찬가지입니다. 인간은 육체와 정신이 하나로 모아져 존재합니다. 인간의 노동 또한 육체와 정신이 분리될 수 없습니다.

그런데, 분리될 수 없는 것을 분리시켜 생각한 이유는 무엇일까

■18세기 후반 영국에서 시작된 산업혁명으로 다양한 직업이 생겨났다. 화이트칼라와 블루칼라로 대표되는 정신노동과 육체노동의 구분은 무의미한 일이다.

요? 왜 이와 같은 오해가 생겨났을까요? 18세기 후반 영국에서 산업혁명이 일어나면서 직업이 다양하게 분화됩니다. 그 이전의 농업사회에서는 대부분의 사람들이 농민이고 약간의 상인과 약간의 관료들이 있을 뿐이었지만, 이제는 세상이 달라졌습니다. 그래서 공장이나 광산에서 몸을 움직이며 일하는 직종과 함께 사무실에서 경리나 회계를 담당하는 직종이 생겨났습니다. 몸을 움직여 일하는 직종은 주로 청색 유니폼을 입었기 때문에 '블루칼라' 라고 불렀고, 사무실에서 일하는 사람들은 흰색 셔츠를 입었기 때문에 '화이트칼라' 라고 불렀습니다. 화이트칼라는 블루칼라에 비해 교육을 많이 받았고, 보수도 더 많이 받았습니다. 그 수도 적었습니다. 화이트칼라는 블루칼라에 비해 사회적으로 높은 지위에 있다고 생각하게 되었습니다. 이 생각이 오랜 세월 동안 굳으면서 '노동' 이라고 하면 몸을 움직여 일하는 직종의 일로 오해하는 일이 생겨났습니다.

육체노동과 정신노동의 분류는 참으로 무의미한 일입니다. 세상에 육체만 움직이는 일도, 정신만 움직이는 일도 존재할 수 없으니까요. 그럼에도 불구하고 블루칼라와 화이트칼라 사이에 차이를 만들어둠으로써 화이트칼라에게는 만족감을 주고 블루칼라에게는 내가 공부를 적게 했으니 할 수 없지 하는 생각을 하게 하기 위한 것은 아닐까요?

또 생각해보세요. 하루 종일 사무실에서 키보드를 두드리며 무언가를 입력하거나, 쉴 새 없이 고객들의 전화를 응대하는 일을 생산직 노동에 비해 더 지적인 일이라고 할 수 있을까요? 더 많은 임금을 받는 일일까요? 더 많은 교육이 필요한 일일까요? 날이 갈수록 점점 더 이렇게 경계가 모호해지는 일이 많아지고 있습니다.

오해 2 | 노동자와 근로자

한때 노동자라는 말을 사용하지 않던 시절이 있었습니다. 대신 근로자라는 말을 썼습니다. 근로자는 한자로 勤勞者라고 합니다. 부지런히 일하는 사람이라는 뜻입니다. 그냥 노동자라고 할 때보다 더 열심히 일한다는 느낌이 담겨져 있지요. 교과서에도 신문에도 공식 문서에도 모두 근로자라고 했습니다. 왜냐하면 북한이 '로동당' '로동신문' 등 '로동(노동)'이라는 말을 아주 즐겨 썼거든요.

그게 뭔 상관이냐고요? 크게 상관이 있던 시절이 있었답니다. 분단과 전쟁, 휴전과 냉전으로 이어지던 한반도에는 남한과 북한이 매우 적대적인 관계였습니다. 남한에서는 북한에서 즐겨 사용하는 용어를 사용하는 것은 북한을 이롭게 하는 일이라고 생각했답니다.

예를 들어 원래 우리나라 식으로 하면 운동회 때 청군과 홍군으로 나뉘는 게 맞습니다. 왜냐하면 우리 민족은 전통적으로 청실홍실*, 녹의홍상**과 같이 청홍의 대조를 매우 즐기기 때문입니다. 그런데 북한에서 빨간색을 좋아하고, 그들을 빨갱이라고 하다 보니, 남한에서는 공식 행사에 빨간색이 사라져버렸습니다. 그래서 홍군의 자리에 백군이 들어갔지요. "청군 이겨라" "백군 이겨라"의 운동회는 바로 여기에서 유래된 것입니다. 2002년 월드컵을 계기로 '붉은 악마'가 등장하여 전국의 거리를 붉게 물들

---

* 결혼할 때 신랑 집에서 신부 집으로 예물을 보내는 일을 '납폐(納幣)'라고 하는데 이때 쓰는 명주 실테가 바로 '청실홍실'입니다. '푸를 청(青)'자를 쓴 '청실'은 전통적으로 남자를 상징했으며 '붉을 홍(紅)'자를 쓴 '홍실'은 여자를 상징하는데, 결혼은 남과 여 즉, 음양의 조화라 여겨 이를 써왔던 것입니다.
** 연두저고리에 다홍치마라는 뜻으로, 젊은 여자의 고운 옷차림을 이르는 말입니다.

인 것은 정말 '색채 혁명'이라고 할 수 있습니다.

그런 시절이니 노동이라는 말은 불온한 말로 취급되었습니다. 노동이라는 말을 사용하면 사상이 수상한 사람으로 의심을 받게 되었지요. 그러다 보니 지금도 많은 사람들이 근로자라는 말을 쓰게 된 것입니다.

하지만, 정확한 말은 노동, 노동자입니다. 노동과 관련된 업무를 담당하는 정부 부서를 '노동부'라고 하고, 노동과 관련된 법을 '노동법'이라고 하지요.

오해 3 | 노동과 경영

노동을 하찮은 것으로 생각하는 사람들이 많습니다. 기업으로 치자면 경영은 매우 중요하고, 큰 가치를 가진 일이고, 그 일을 담당하는 것은 아무나 할 수 없는 일로 생각합니다. 노동은 그에 비하면 별로 중요하지도 않고 아무나 할 수 있는 일이라고 생각합니다.

이와 같은 생각이 반영되어, 노동을 하는 사람에 비해 경영을 하는 사람들은 높은 소득을 얻습니다. 2006년 미국 경제지인 〈포춘〉이 조사한 바에 따르면, 200대 기업 CEO(최고경영자) 연봉의 중앙값*이 1200만 달러(약 110억 원)였다니 수백 억 원대 연봉을 챙기는 경영자가 수두룩한 셈입니다. 일반 노동자의 수백 배를 가져가고 있는 것입니다. '더 어렵고 중요한 일을 하는 사람이 더 많은 소득을 올리는 것이 당연하다'라고 하는 우리 사회의 상식에서 출발하더라도 이 차이는 너무도 심합니다.

이제, 백무산이라는 시인이 쓴 시를 한편 함께 읽는 것으로 노동과 노동자에 대한 첫 번째 이야기를 끝마치고자 합니다. 소리 내어 읽어보면서 시인은 왜 이런 시를 썼을까 생각해보세요.

자본론

백무산

줄잡아 그의 재산이 5조원을 넘는단다

그 돈은 일년에 천만원 받는 노동자

50만년 치에 해당한다

한 인간이 한 세대에

50만년이라는 인간의 시간을 착취했다

＊ 연봉의 중앙값이란 조사 대상자의 연봉을 금액 순으로 나열한 뒤, 가장 가운데에 오는 값을 말합니다. 예를 들어 9명의 연봉을 조사했는데, 800만 달러, 850만 달러, 900만 달러, 1000만 달러, 1200만 달러, 1250만 달러, 1500만 달러, 2000만 달러, 2200만 달러였다면, 가장 가운데 오는 값인 1200만 달러가 중앙값이 되는 것입니다. 연봉을 모두 합한 뒤 9로 나누는 '평균'과는 조금 다른 개념이지요.

50만년!

불과 1만년 전에 인간은 처음 농사를 짓기 시작했다.

5만년 전에 크로마뇽인은 돌과 동물의 뼈로

은신처를 짓기 시작했다

10만년 전에 네안데르탈인은 죽은 사람을 묻을 줄도 몰랐다

150만년 전에 호모 에렉투스가 유럽과 아시아에 첫발을 디뎠다

500만년 전에 침팬지와 구분이 어려운 인류의 시조

오스트랄로피테쿠스가 등장했다

현대 인간은 4만년 전에 겨우 골격을 갖추기 시작했다

4만년!

우리들의 투쟁이 돈이 아니라 돈으로 왜곡된 시간이 아니라

인간의 시간을 인생의 세월을 되찾는다는 것을

틀림없이 확인해야 한다

자신의 인생과도 싸워야 한다

- 백무산, 『인간의 시간』, 창작과비평사, 1996.

일과 노동은 어떻게 다른가

일은 노동과 아주 비슷한 말입니다. 일이란 인간이 가치나 의의가 있는 것을 이루기 위해 몸을 움직이거나 머리를 쓰는 활동을 의미하기 때문에 많은 경우 일과 노동은 같은 의미로 사용해도 됩니다.

한편, 어떤 사람은 돈을 벌기 위해서 일하는 것을 '노동'이라고 부르기도 합니다. 이와 같이 일과 노동을 구분한다면 '일'이란 돈과 관계없이 행위자가 스스로 선택한 목적에 따라 원하는 방식으로 육체와 정신을 사용하는 행위를 의미하게 됩니다. 일과 노동을 이렇게 정의할 때에도 현실에서는 노동과 일이 무 자르듯 확실하게 구분되는 것은 아니랍니다. 상대적으로 노동의 성격이 큰 직종이 있고, 일의 성격이 큰 직종이 있을 뿐입니다. 예를 들어 학자·교사·의사·약사·회계사·변호사·작가 등의 전문가들을 보면, 이들은 대체로 오랜 교육과 체계적인 훈련을 거칩니다. 그렇지만 이들도 대부분은 돈을 벌기 위해 활동합니다. 경제학적으로 보면 노동자라고 할 수 있지요. 그렇지만, 교사는 학생들을 가르치는 것 자체가 기쁨이 됩니다. 의사는 환자를 치료하는 일로 보람을 얻을 수 있습니다. 그렇기 때문에 대체로 전문직은 일의 성격이 큰 직종이라고 할 수 있습니다.

우리나라에는 '근로기준법'이 있습니다. 이 법에 따르면 "직업의 종류를 분문하고 사업 또는 사업장에서 임금을 목적으로 근로를 제공하는 자"를 근로자*라고 합니다. 그런데 근로기준법은 모든 근로자와 사업장에 적용되는 것은 아닙니다. 상시 5인 이상의 사업 또는 사업장에 대해서만 근로기준법을 적용합니다.

---

* 근로기준법에는 노동자를 근로자라고 표현하고 있으므로 여기서도 근로기준법과 관련하여 설명할 때에는 근로자라는 용어를 사용하도록 하겠습니다. 여기서 말하는 근로자는 노동자 또는 임금 노동자와 같은 의미로 생각해도 좋습니다.

노동자의 권리

노예와 농노

노예가 있었던 사회를 생각해볼까요. 노예는 노예시장에서 거래되는 존재였습니다. 한 인간으로서 자기 삶에 대해 결정할 수 있는 권한이 전혀 없습니다. 대가를 지불하고 노예를 산 사람은 노예를 소유합니다. 노예 소유주의 입장에서 노예가 자기 소유이므로 자기 마음대로 할 수 있습니다. 마치 내 소유인 내 용돈을 내 마음으로 할 수 있는 것과 같습니다.

중세 유럽의 농노 역시 부자유스러운 존재였습니다. 영주가 소유한 땅에서 평생토록 농사를 지으며 살았습니다. 노예처럼 사고팔리는 존재는 아니었지만, 마음대로 이사를 갈 수 있는 자유가 없었습니다. 농노는 땅에 묶인 존재입니다. 다음은 중세 유럽의 농노의 생활을 보여주는 글입니다.

"카롤루스 치세 말년 어느 맑게 갠 봄날 아침에 보도는 일찍 일어났다. 오늘은 수도원 소유의 농장으로 일하러 가는 날이어서 늦지 않아야 하기 때문이다.

보도는 아내와 세 자녀가 있다. 그는 작은 오두막집에서 사는데 집터와 목초지, 두어 그루의 포도나무가 있는 땅을 빌려 쓰고 있다.

보도는 일주일에 사흘은 자기 땅을 경작하고 일요일은 쉬면서 교회에 나가며 나머지 사흘은 수도원의 직영지에 가서 일을 해야만 한다. 직영지는 넓은 농장으로 그 한가운데는 돌로 쌓은 집이 있는데 잔소리가 심한 관리인이 살고 있다. 그 곁에는 하녀들이 길쌈을 하는 오두막집이 몇 개 다닥다닥 붙어있고 하인이 사는 오두막집 작업장 조리장 제빵소 헛간 마구간 등이 나란히 서 있다. 직영지의 일부는 이 오두막집에 사는 하인의 감시를 받으며 경작하기도 하지만 대부분은 보도와 같은 농노가 경작하는 것이다.

오늘은 그가 쟁기질을 하는 날이다. 그래서 그는 큰 수소, 그리고 곁에서 막대기로 소를 몰게 하기 위해 어린 아들 '위도'를 데리고 나왔다. 그는 이웃 친구 몇 명과 함께 큰 저택으로 일하러 갔다. 말과 수소를 데리고 온 사람도 있고 곡괭이 삽 도끼 낫을 가지고 온 사람도 있다. 그들은 영주 직영지의 경지와 목초지와 숲에서 일하기 위해 떼를 지어 일터로 향했다. 그는 하루 종일 쟁기질을 하였으며 다른 쟁기질꾼과 함께 나무 아래서 점심을 들었다. 일은 아주 지겨웠다.

그의 아내인 에멘트루드 역시 바빴다. 오늘은 제대로 살찐 영계 한 마리와 달걀 다섯 개를 바치는 날이다. 그녀는 9살 난 둘째 아들에게 갓난아기 힐데가드를 맡겨놓고 역시 영주성으로 일하러 가야 할 이웃 여자를 찾아갔다.

에멘트루드와 이웃 여자는 함께 영주성으로 갔다. 그녀는 집사를 만나서 공손이 인사하고 닭과 달걀을 건네고는 서둘러 하녀들이 있는 곳으로 찾아가 여인네들과 이런저런 이야기를 나누었다. 그러나 이야기를 마치자마자 급히 자리를 떠야 했다. 집으로 돌아오자 작은 포도밭을 돌보았으며 한두 시간 후엔 다시 집에 돌아가 아이들에게 먹을 것을 챙겨주고 그 후 나머지 시간은 모직을 짜는데 보냈다. 일을 마치자 보도가 저녁을 먹기 위하여 집에 돌아왔다. 해가 지자마자 그들은 곧 잠자리에 들었다. 집에서 만든 촛불은 어두컴컴했고 또 내일 아침에 일찍 일어나야 하기 때문이다."

- 아일린 파워, 김우영 옮김, 『중세의 사람들』, 이산, 2007.

자유로우면서 자유롭지 않은 존재, 노동자

18세기 후반 영국을 시작으로 유럽 전역에서 산업혁명이 일어났습니다. 산업의 중심이 농업에서 공업으로 이동하게 됩니다. 도시에는 많은 공장들이 생겨났습니다.

농촌에서도 변화가 일어났습니다. 영주들은 농사짓는 것보다 양을 키워서 양털을 파는 것이 훨씬 더 많은 돈을 벌 수 있다는 사실을 알아챕니다. 모직물 공업의 원료가 되는 양털은 아주 인기가 좋은 상품이었거든요. 도망치지 못하도록 울타리를 치고 양을 키웠습니다. 그리고 그 땅에 살던 농노들을 쫓아냈습니다. 농사를 짓는 데는 많은 농노들이 필요했지만, 양을 키우는 데는 많은 사람이 필요 없습니다. 대대로 살던 땅에서 갑자기 쫓겨난 농노들은 살길을 찾아 도시로 떠났습니다.

도시로 가서 공장에 취직한 이들은 더 이상 농노가 아닙니다. 이들은 임금 노동자입니다. 임금 노동자는 자유로운 존재입니다. 인간이 사고팔리며 다른 누군가에 의해서 소유되는 물건과도 같은 존재이거나, 땅에 묶인 채 타고난 운명대로만 살아야 하는 존

■ 산업혁명 당시 직조공장에서 일하고 있는 노동자들. 노동자는 자신의 노동력을 팔아서 생계를 유지한다.

재에서 자유롭게 살아갈 수 있게 된 것은 인류 역사에서 보면 큰 진전이 아닐 수 없습니다.

자유인으로서 임금 노동자는 자기가 일할 것인지, 어떤 직장에서 일할 것인지를 결정할 수 있습니다. 그러나 자유롭다고 해서 무엇이든 마음대로 할 수 있다는 뜻은 아닙니다. 임금 노동자는 생계를 유지할 재산을 따로 갖고 있지 않습니다. 가진 것은 자기 자신의 노동력뿐입니다. 일해서 돈을 벌지 않으면 먹고살 수가 없습니다. 원하는 조건의 직장이 있다고 해도 그 직장에서 자신의 노동력을 사주지 않으면 일할 수가 없습니다.

일자리를 구하는 노동자의 입장에서 보면, 일이 없어 아무런 수입이 없는 것보다는 나쁜 조건이라도 일자리를 얻는 편이 낫다고 생각할 것입니다. 일자리보다 일을 원하는 노동자들의 수가 훨씬 많은 상황에서는 말할 것도 없지요.

새벽 3시에 출근해 밤 10시까지 일했어요

1831~1832년에 발간된 영국 의회 보고서에서 다음과 같은 대화를 찾아볼 수 있습니다. 노동자의 실태를 조사하기 위해 어느 공장의 노동자와 조사관이 나눈 대화입니다.

> 조사관 : 공장이 잘 돌아갈 때는 몇 시간 일했습니까?
>
> 노동자 : 소녀들은 새벽 3시에 공장에 가면 밤 10시나 10시 반까지 일했습니다.
>
> 조사관 : 19시간이나 일하는 동안 휴식 시간은 얼마나 됩니까?
>
> 노동자 : 아침 식사 15분, 점심 식사 30분, 물 마시는 시간 15분 정도만 쉴 수 있습니다.
>
> 조사관 : 휴식 시간 중에 기계를 청소할 때도 있습니까?
>
> 노동자 : 때론 그 일을 하는데, 그것 때문에 식사와 물 마시는 시간을 다 써버립니다.
>
> 조사관 : 그렇게 일하는 아이들을 아침에 깨우는 것이 힘들지는

않나요?

노동자 : 일터로 보내려고 잠자고 있는 어린 것을 흔들어 깨워야 합니다.

조사관 : 지각하면 어떻게 됩니까?

노동자 : 그 시간만큼 일을 더해도 임금의 4분의 1이 깎였습니다.

조사관 : 당신 아이들 중에 채찍으로 맞은 아이가 있습니까?

노동자 : 네. 모두입니다. 큰딸의 경우 두 주일 전에 내가 랭커셔에 갔다 돌아와 어깨의 매 자국을 보고 "앤, 무슨 일이냐?"라고 묻자, "감독님이 채찍으로 때렸어요. 그러나 제발 감독님에게 가지 마세요. 그러면 우리는 일자리를 잃게 돼요"라고 대답했습니다.[16]

당시 공장에서 일하는 노동자들이 믿기지 않을 만큼 긴 시간을 매까지 맞으면서 일했다는 것을, 어른이 아니라 아이들까지도 공장에서 일했다는 것을 알 수 있습니다. 산업혁명이 한창이던 영국에서는 공장에서 일자리를 구하려는 가난한 사람들로 넘쳐 났거든요. 이들을 보호할 수 있는 법도 만들어지기 전이었습니다. 그러니 간신히 먹고살 정도의 돈만 주어도 사람들은 참고 일했습니다. 낮은 임금, 긴 노동 시간, 나쁜 작업 환경에 시달리고 실업의 위협으로 불안정한 생활을 할 수밖에 없었습니다.

그러다가 노동자들은 이에 대항하기 시작했습니다. 노동자들은 단체를 조직해 기업주나 정부에 맞서 '노동자의 권리' 를 주장하기 시작했습니다.

노동자에게는 단결이 힘이다

노동자들은 단결하는 것만이 노동자에게 마땅히 보장되어야 할 권리를 획득하는 길이라는 것을 깨닫게 되었습니다. 그래서 노동자들의 단체인 '노동조합' 을 만들게 됩니다.

노동조합을 만들게 된 것은 각 개인 노동자가 고용주보다 힘이 약하기 때문입니다. 고용주는 노동자 고용 여부, 보수, 근무 조건을 좌지우지할 수 있습니다. 그런데 노동자가 노동조합을 통해 단결하면 큰 힘을 얻을 수 있습니다.

예를 들어 볼까요. 인도의 카슈미르 지방에서 사과를 딸 때가 되었습니다. 과수원 주인은 사과를 잘 따는 사람을 여러 명을 알고 있습니다. 한 사람은 한 광주리를 따는 데 30루피(650원 정도)를, 또 한 사람은 20루피를 받겠다고 합니다. 그런데 세 번째 사람은 워낙 가난해서 15루피만 받겠다고 합니다. 이 소문이 퍼지자 다른 과수원 주인도 한 광주리에 15루피만 주려고 했습니다. 처음과 두 번째 사람은 어쩔 수 없이 15루피만 받고 일할 수밖에 없었습니다.

그러나 이듬해에는 달랐습니다. 사과 수확 철이 되기 전에 사람들이 만나서 30루피를 받기로 약속한 것입니다. 그들은 노동조합을 만든 셈이지요. 그런 식으로 굳게 뭉치면, 분명 지난해보다는 나은 보수를 받을 것입니다. 노동조합의 이치도 이와 마찬가지입니다.[17]

19세기에 영국이 공업화되면서 처음으로 노동조합이 생겼습니다. 그러나 임금 인상을 요구하며 단결한 공장 노동자와 농장 일꾼들은 죄인 취급을 당했습니다. 노동조합이 노동자의 복지를 보호하는 데 큰 역할을 한다는 사실을 북아메리카와 유럽 등의

■ 2008년 6월 10일 광화문에서 벌어진 공공운수 노동자들의 집회 모습. 사용자에 비해 약자인 노동자는 노동3권 즉 단결권, 단체행동권, 단체교섭권을 행사할 수 있는 권리가 있다.

정부가 인정한 것은 20세기 들어서였습니다. 1948년의 세계인권 선언도 노동조합을 만들고 가입하는 것을 노동자의 권리로 인정 했습니다. 이렇게 되기까지 정말 많은 사람들의 노력과 희생이 있었음은 말할 것도 없지요.

우리나라에서도 1987년 노동자 대투쟁 이후에야 실질적으로 노동조합을 만들고 가입해서 활동할 수 있는 권리가 인정되었습니다. 교육노동자인 선생님들의 노동조합인 '전국교직원노동조합(전교조)'은 1989년에 만들어졌지만, 이때 노동조합에 가입했던 선생님들은 모두 교단에서 쫓겨나게 됩니다. 교사의 노동조합이 인정된 것은 이로부터도 10년이 지난 뒤인 1999년의 일입니다. 지금도 공무원들의 노동조합은 법적으로 인정되지 않고 있습니다.

교사나 공무원이 노동자인가, 이들에게도 노동조합이 필요한가, 라는 점에 대해서 의문을 가지는 친구들도 있을 것입니다. 하지만, 앞에서 살펴보았듯이 교사나 공무원도 노동을 제공한 대가로 임금을 받는 노동자임이 분명합니다. 프랑스에는 판사들의 노동조합도 있습니다.

노동자들이 노동조합을 결성할 수 있는 권리를 '단결권'이라고 합니다. 그런데 그냥 노동조합을 만들기만 해서는 아무런 일도 할 수 없습니다. 노동조합은 노동자의 권리를 보장받고 노동 조건을 개선하기 위해 파업과 같은 단체행동을 할 수 있습니다. 파업이란 노동자들이 어떤 요구 조건을 내걸고 일하지 않는 것을 말합니다. 이렇게 할 수 있는 권리를 '단체행동권' 이라 합니다. 또 노동조합은 고용주와 교섭을 벌일 수 있는 권리가 있습니다. 예를 들어 다음해 임금은 얼마나 인상할 것인지, 휴가는 어떻게 할 것인지 등과 같은 내용이 교섭 대상이 됩니다. 노동자들이 개인적으로 고용주와 교섭하면 노동자들은 상대적으로 약자의 위치에 있기 때문에, 자신에게 필요한 것을 제대로 요구할 수 없게 됩니다. 그러므로 노동조합을 통해 고용주와 교섭하는 것입니다. 이것을 '단체교섭권' 이라고 합니다. '단결권' '단체행동권' '단체교섭권' 을 '노동3권' 이라고 부릅니다.

하루 8시간만 노동하게 하라!

우리나라를 비롯한 많은 나라들이 하루 8시간 노동을 규칙으로 정하고 있습니다. 우리가 앞에서 보았던, 산업혁명 초기에 하루 19시간이나 일했던 어린 노동자들의 이야기를 생각한다면 이것은 엄청난 진보입니다. 그러나 진보가 저절로 이루어진 것은 아닙니다.

1886년 5월 1일 미국 시카고의 헤이마켓 광장에서 30만 명의 노동자가 하루 8시간 노동제를 쟁취하기 위해 총파업을 벌였습니

■1886년 5월 1일 30만 명의 노동자들이 하루 8시간 노동제를 쟁취하기 위한 총파업을 벌였다.
이를 기념해 5월 1일을 메이데이(노동자의 날)로 기념하고 있다.

다. 이것은 노동운동 역사에서 아주 중요한 사건입니다. 이 총파
업이 진압되는 과정에서 수많은 노동자들이 죽거나 다치고, 체
포되었습니다. 체포된 노동자 가운데 다섯 명은 사형에 처해졌
습니다. 하루 8시간만 노동하게 해달라는, 지금 생각해보면 아주
당연한 요구를 한 대가가 목숨을 내놓는 것이었습니다.

이 역사적인 총파업이 일어난 날이 5월 1일이기 때문에 이날을
메이데이^{May Day}라고 부릅니다. 이를 기리기 위해 사회주의자 모
임인 제2인터내셔널은 1889년 파리에서 5월 1일을 '세계 노동
절'로 선포했습니다.

세계 여러 나라에서 이날을 노동자의 날로 기념하고 있습니다.

우리나라는 1945년 해방된 후 5월 1일을 노동절로 기념하다가 1963년부터 한국노동조합총연맹 창설 기념일인 3월 10일을 노동절 대신 근로자의 날로 정했습니다. 메이데이가 상징하는 여러 가지 것들—총파업, 노동자의 권리, 노동조합 등—이 불온한 것이라는 생각과 메이데이를 기념하기 시작한 것이 사회주의자라는 것이 복합적으로 작용했기 때문입니다. 1980년대 후반부터 노동계가 근로자의 날을 5월 1일로 변경해줄 것을 요청하자 정부는 1994년 법을 개정하여 다시 5월 1일을 근로자의 날로 정했습니다.

유럽·중국·러시아 등에서도 5월 1일을 노동절로 기념하고 있습니다. 그런데 재미있는 것은 정작 메이데이의 유래가 된 총파업이 일어났던 미국은 5월 1일이 아니라 9월 첫째 월요일을 노동절로 정하고 있다는 것입니다.

영화 '해리포터' 시리즈와 노동

노동시간을 줄이고, 충분히 쉬면서 여가생활을 누릴 권리는 노동자가 육체적으로 지치지 않도록 해줄 뿐 아니라 정신적·문화적 생활을 누릴 수 있도록 하기 위한 것입니다. 이를 통해 노동자는 가족이나 친구와 함께 즐거운 시간을 보내고, 신앙생활과

취미생활을 할 수 있습니다. 앨런 더닝의 『어느 정도 소비해야 만족할까?』라는 책에 아주 재미있는 사례가 실려 있습니다. 세계 대공황 때 시리얼로 유명한 식품회사인 켈로그는 하루 노동시간을 8시간에서 6시간으로 줄였다고 합니다. 그러자 도서관을 이용하는 사람이 늘어나는가 하면, 지역 미화활동이나 스포츠 등 취미활동이 왕성해져서, 노동자의 지적 소양이 높아졌다는 것입니다.

기독교인은 일요일에, 무슬림은 금요일에 신앙생활을 하기 위해 일하지 않는 전통이 있듯, 휴식을 취할 수 있는 권리는 역사가 무척 오래된 권리입니다.

산업혁명은 노동자의 휴식과 여가생활의 권리를 빼앗아갔습니다. 공장은 24시간 돌아갔고, 노동자의 근무시간은 날로 늘어갔습니다. 그러다 영국 정부가 1847년에 여성과 아동은 하루에 10시간 이상 일을 해서는 안 된다는 법을 만든 이후, 개선되기 시작했습니다. 그러나 새로 공업화되고 있는 나라의 공장 노동자들은 지금도 장시간 노동에 시달리고 있습니다. 그들에게는 19세기 유럽의 공장에 있었던 유급휴가도 없습니다. 우리나라도 휴가를 제대로 인정받지 못하면서 일하고 있는 노동자들이 많이 있답니다.

8시간 노동제란 무엇일까요? 정확히 말하면 하루 정규 근로시간은 8시간을 초과할 수 없다는 것입니다. 우리나라에는 노동자들을 보호하기 위해 노동 조건을 규정한 '근로기준법' 이라는 법이 있습니다. 이 법에 따르면 법정 근로시간은 주 44시간입니다. 주 5일 근무를 실시하는 사업장에서는 주 40시간으로 4시간이 줄어듭니다. 15세부터 18세 청소년의 법정 근로시간은 주 42시간입니다.

이 법정 근로시간은 필요에 따라 늘어날 수 있지만, 그렇다고 해도 주 56시간(청소년의 경우 48시간)을 초과할 수 없으며 1일 12시간(청소년은 8시간)을 초과할 수 없습니다. 정해진 시간 이상 노동하는 것은 노동자 본인이 동의한다 하더라도 불법입니다.

영화 '해리포터' 시리즈를 아시지요? 해리포터의 팬들은 다음 편이 어서 개봉되기를 손꼽아 기다립니다만, 영화는 아주 천천히 만들어지고 있어 애가 탑니다. 이 시리즈가 그토록 천천히 만들어지는 이유에는 여러 가지가 있겠지만, 그 중에는 영국의 노동법도 이유가 된다고 합니다. 해리포터에는 다니엘 래드클리프나 엠마 왓슨 등 청소년 배우들이 많이 나오잖아요. 영화를 찍는 것도 노동이기 때문에 이들이 정해진 근로시간을 초과해 노동을 하면 안 되기 때문이라고 합니다. 설사 그 어린 배우들이 사명감에 불타서 밤샘 촬영도 불사하겠다고 나서도 법이 그것을 금지하고 있다는 얘기입니다.

■ 영화 '해리포터' 시리즈 주인공들. 이들의 촬영도 노동이기 때문에 하루에 일정 시간 이상 촬영할 수가 없다.

8시간 노동제는 변할 수 없는 어떤 진리와 같은 것이 아닙니다. 7시간 노동제, 6시간 노동제와 같이 얼마든지 줄어들 수 있는 것이지요. 노동시간은 그 사회 구성원들의 생각과 사회의 생산력에 따라 결정되는 것입니다. 하루에 4시간만 일해도 먹고살 수 있는 사회에서 구태여 8시간 노동을 할 필요는 없잖아요. 예를 들어 프랑스는 주 35시간을 법정 근로시간으로 규정하고 있다고 합니다. 스웨덴이나 독일에서는 자녀가 아프면 아픈 자녀를 돌보기 위한 유급휴가*를 보장하고 있습니다.

＊ 유급휴가란 휴가를 가졌다고 해서 임금에서 그 시간을 제하지 않는 것을 말합니다. 쉬는 시간만큼을 임금에서 빼게 되면, 임금이 줄어들게 되어 충분한 휴가를 가질 수 없겠지요.

노동을 하는 이유

세계화의 진전과 함께 무한경쟁 시대에 돌입했다고 이야기합니다. 전 세계를 상대로 경쟁하는 마당에 한가롭게 노동의 권리를 요구하는 것은 시대착오적인 생각이라는 얘기이지요. 노동조합의 무리한 임금 인상 요구가 기업의 경쟁력을 갉아먹는다는 얘기도 나옵니다. 함부로 해고하지 못하도록 하는 규정도 기업의 경쟁력에 보탬이 되지 않는다고 하네요. 그러나 우리가 기억해야 할 중요한 원칙이 있습니다. 우리가 노동을 하는 이유는 보다 행복하게 살기 위해서라는 원칙입니다. 경쟁력을 높여 잘사는 나라가 되는 것도 우리가 행복하기 위해서입니다. 돈을 버는 이유도 행복하기 위해서입니다. 어느 틈에 '행복하게 산다'는 목표는 잊어버리고 무조건 경쟁력만을 생각하게 되지는 않았나요? 한 나라가 아무리 잘살게 되어도 그 나라에 살고 있는 사람들이 과도한 노동과 실업의 불안, 낮은 임금으로 힘겹게 살고 있다면 그 나라의 경제성장이 무슨 의미가 있을까요?

세상이 변하고, 무한경쟁 시대가 도래했다고 해도 변할 수 없는 것이 있습니다. 우리가 어떤 선택을 할 때 언제나 우리의 행복을 최우선으로 하는 선택을 해야 한다는 것입니다. 노동시간을 줄이고, 충분한 여가를 갖고, 임금을 높인다고 해서 반드시 경쟁력

미라이공업 야마다 회장이 말하는 '유토피아 경영'

"비정규직 쓰는건 돈 못버는 지름길"

"돈, 벌고 싶으면 비정규직부터 없애라."

올해 나이 일흔일곱. 머지않아 여든을 바라보는 노경영자의 목소리는 단호했다. 흔히 '샐러리맨의 천국'으로 불리는 미라이공업의 야마다 아키오 창업자가 한국을 방문해 던진 말이다. 몇 해 전 뇌경색을 앓아 손놀림도 불편한데다 붉은 심장박동기까지 달고 다니는 그는 19일 〈한겨레〉 기자와 만나 1시간 남짓 얘기를 나누는 동안에도 꼿꼿한 자세를 잃지 않고 기운차게 이야기를 풀어냈다. 앞서 한국능률협회컨설팅이 주최한 행사에서 3시간 동안 강연과 질의응답을 했음에도 피곤한 기색이라곤 찾기 힘들었다.

"몇 해 전 일본의 대기업 한 곳에서 납품한 원자력발전소 터빈에 날개가 부러진 채로 있었어요. 방사능이 새나온 수십 만명의 목숨을 앗아갈 뻔한 사고였죠. 그 회사는 아마 일본에서 박사 급 연구원이 가장 많은 회사일 거예요. 그런데도 왜 불량품이 나왔을까요?"

스스로 질문을 던진 그는 대뜸 비정규직 문제를 답으로 제시했다.

"1990년대 10년의 불황기 동안 그 회사에서 정리해고된 사람이 2만명입니다. 그 자리는 모두 비정규직으로 채웠죠. 똑같은 일을 하고 월급은 절반 받는데, 보너스는 10분의 1만 받는데, 이렇게 신이 나서 일할 수 있겠어요? 비용 아껴셨다고 비정규직 쓰는 건 결국 회사가 돈 못 버는 지름길이죠."

야마다 창업자는 유독 남과 다른 길이란 얘기를 많이 했다. "똑같은 짓은 절대로 하지 마세요. 다른 회사에서 많이 팔리는 제품은 금방 모방해를 나오잖아요. 대기업이 버티고 있던 전기기를 시장을 헤쳐어라 소기의 미라이공업의 배앞낼 수 있었던 열쇠도 그걸 방대화 '천장은 현재인데, 왜 전깃줄은 에버튼들을 화려앓다'라는 다른 생각에서 비롯됐다. 미라이공업의 내놓은 '콘센트 전깃줄은 이색 시장을 장악했다.

모든 건 사람의 생각에서 출발한다는 그에게 물어봤다.
- 직원을 뽑는 특별한 기준이 있나?
"없다. 아무나 뽑는다. 우리 직원은 다 바보, 멍청이들이다."
- 바보라고? 아무나 뽑는다? 사람 잘못

경영자 할 고민은 '어떻게 직원 감동시킬까'가 전부 바보 직원도 생각 많이 하게 만들면 플러스 결과 똑같은 일 하고 월급 절반 받으면 신나게 일 못해

뽑아 손해볼 수도 있는데?
"그럴 수도 있다. 하지만 직원들이 생각을 많이 하게끔 만들어주면 결국 플러스 결과가 나온다. 바보들일지라도 한데 모여 신이 나서 열심히 일하게 만드는 게 진짜 내공 같다."
"똑같은 짓을 싫어하는 미라이공업의 조직 문화를 상징적으로 보여주는 에피소드 하나. 회사가 있는 나고야시에는 한 소문이 돌았다. 미라이공업에 입사하려면 '얼음이 녹으면 무엇이 될까'라는 문제만 풀 줄 알면 된다고. 실제로 야마다 창업자가 그 문제를 내자는 않았다. 이 야기가 소문 내용은 이렇다. '분명한 건 '얼'이라고 답하는 사람은 떨어진

거다. 얼음이 녹으면 '봄'이 된다고 답해야지"

자신의 실험이 자주 '유토피아 경영' 이라 불리는 데 대해선 야마다 창업이 도 '글로벌 무대에서 경쟁하는 대기업이 라면 조금 다른 처지일 것'이라며 중소 기업이기에 가능한 일일 수 있다는 점은 인정했다. 그렇다도 그의 생각은 뚜렷했다.

미라이공업은 굳이 매출을 올리고자 수출에 나서지는 않는다. 일본 시장에서 확고한 자리를 유지하는 것만으로도 충분하다는 것이다. '수출 실적 0'인 회사답게 그곳 명함 뒷면엔 긴 흔한 영어식 표기가 없다. 그 대신, 그의 명함 뒷면은 '요

약 재무제표'다. 영어나 표기가 훨씬 값을 그 자리만 특이하게도 회사의 지난해 실적을 나타내는 각종 숫자가 빼곡하게 적혀있다.

미라이공업 사무실 곳곳엔 몇 미터 간격로 '항상 생각하라'는 문구가 붙어 있다.

"어떻게 하면 직원이 감동받을까 그거 게 전부예요. 경영자가 할 일은 그게 전부인데요. 생각 자체란 노하우가 있을 수 없어요. 끊임이 생각하도록 분위기를 만들어가는 게 리더상이죠. 사실은 그대 아 신뢰든도 잘될 수 있다."

한국의 경영자들에게 한다다 충고를 들려 남기는 바였 그가 마라이공으로 내밀 듯 진정다가 명함에 경영실적을 받고 다나는 그의 해듯에서, 아마도 자신의 실험이 유토피아 경영으로 지우져지지 않는 성취로 증명해 보여졌다는 자 존심이 진하게 들어나는 듯하다.

글 최우성 기자 morgen@hani.co.kr
사진 김경호 기자 jijae@hani.co.kr

■ 야마다 아키오 사장의 경영철학을 소개하는 기사. 그는 한국의 경영자들에게 어떻게 하면 직원이 감동받을까 그것 하나만 생각하라고 충고한다. 〈한겨레〉 2008년 6월 20일자.

이 떨어지는 것도 아닙니다. 노동자의 권리를 충분히 보장하고 도 높은 경쟁력을 발휘하는 사례는 많이 있습니다.

야마다 아키오의 『야마다 사장, 샐러리맨의 천국을 만들다』(김현 희 옮김, 21세기북스, 2007)라는 책을 볼까요. 이 책의 지은이는 일

본 미라이공업의 사장입니다. 미라이공업은 마쓰시다전공 같은 대기업과의 경쟁에서도 뒤지지 않고, 높은 수익을 올리는 기업입니다. 다음은 미라이공업의 원칙입니다.

- 잔업, 휴일 근무 없음.
- 전 직원 정규직.
- 70세 정년, 종신고용 보장, 정리해고 없음.
- 업무목표 없음.
- 연간 140일 휴가 + 개인 휴가.
- 3년간 육아휴직 보장.
- 5년마다 전 직원 해외여행.

정말 꿈 같은 이야기이지요? 야마다 사장은 "이것은 미라이공업의 원칙이자, 나 야마다 사장의 신념이다. 기업 경영에서 가장 중요한 것은 바로 '사원의 의욕'. 사원들이 100퍼센트 능력을 발휘할 수 있도록 만드는 것이 사장이 할 일이다. 사원들 스스로가 감동해 열심히 일하지 않으면 기업은 성장하지 못한다"라며 다음과 같이 말합니다.

"인간은 물건이 아니야. 그러니 원가 절감은 해야지만 월급을 낮추는 것은 잘못된 거야. 인간은 코스트가 아니니까.

기업이 커져서 사원에게 도움이 된 적이 있나? 기업은 기업 자체를 위해서가 아니라 사원을 위해 있는 거야.

인간은 말이 아니야. 당근과 채찍의 조화는 필요 없어. 단지 당근만 주면 돼. …… 사원들을 놀게 해."

자기가 하는 일과 자기가 몸담고 있는 직장에 만족하는 사람, 충분한 휴식과 임금을 보장받는 사람은 행복합니다. 행복한 사람에게는 열정과 창의력이 넘칩니다. 열정과 창의력은 우리 시대 최고의 경쟁력입니다. 지치고 불안한 사람들에게서는 찾아볼 수 없는 경쟁력입니다. 시대가 변해도, 경쟁이 거세져도 우리는 사람들의 행복을 제일 먼저 생각하는 선택을 해야 합니다.

행복을 제일 먼저 생각하는 결정, 누가 할 수 있을까요? 바로 우리들입니다. '사회 전체의 생각'이라는 것은 애당초 없습니다. 우리들 한 명 한 명의 생각이 모여 사회 전체의 생각을 만들어냅니다. 큰 소리로 외쳐대는 세상의 주장이나 통념에 휩쓸리지 말고 언제 어디서든 행복을 제일 먼저 생각하세요.

노동의 소중한 대가, 임금 이야기

산후조리사 최은영 씨의 이야기

마흔두 살의 계약직 산후조리사 최은영 씨의 급여는 주 40시간 근로를 통해 받는 77만 원에서 4대 보험료 등을 제하고 71만 원 정도 입니다. 그녀는 수입만 생각하면 다른 일을 해볼까 해서 식당을 알아보기도 했습니다. 하지만 저녁 늦게까지 주말도 없이 일하게 되면 성장기 아이들을 돌볼 대책이 없습니다. 그리고 이후 산후조리사로 경력을 쌓아서 전문인으로서의 가능성을 찾고

싶기도 합니다. 그래서 지금은 어려워도 계속 산후조리사 일을
하고 있습니다. 그러나 현재 71만 원의 급여는 아무리 아껴 써도
미래를 위해 적금이나 보험은 생각할 수도 없고 기본적인 생활
에도 하루하루가 벅찹니다. 가장 가슴이 아픈 것은 중학생 둘을
키우는 엄마로서 아이들 교육을 제대로 하지 못한다는 것입니
다. 간혹 전기와 가스가 끊어지기도 하는 상황이라 아이들 학원
은 엄두도 못 냅니다. 급식비와 교통비마저도 커다란 부담이지
요. 계절이 바뀔 때면 아이들 옷 한 벌이라도 사주고 싶은데
……. 시장에 싼 티셔츠 하나를 골라도 들었다 놓는 것을 수십
번 ……. 최은영 씨는 아이들에게 아무것도 제대로 해주지 못하
는 것이 부모로서 무엇보다 맘이 아픕니다.[18]

사용자에게는 비용, 노동자에게는 생활비

임금은 노동자가 자신이 열심히 일한 대가로 받는 돈을 의미합
니다. 부모님이 받는 월급이나 아르바이트하는 청소년들이 받는
시간급을 생각하면 되겠습니다.
보통 사용자 측에서는 가능한 임금을 적게 주려고 합니다. 사용
자의 입장에서 노동자의 임금은 곧 상품을 생산하는 데 들어가
는 비용이기 때문입니다. 노동자의 임금을 낮추면 낮출수록 기

업은 돈을 벌게 되겠지요. 그렇기 때문에 사용자의 입장에서 볼 때 임금은 낮으면 낮을수록 좋을 것 같습니다.

하지만 노동자의 입장에서 본다면 이야기는 달라집니다. 우리가 살고 있는 자본주의사회에서 노동력 또한 노동시장에서 거래되는 상품이라고 해도 노동력은 다른 상품과는 다릅니다. 사람이 노동력을 제공하기 위해서는 자신의 노동력을 유지하는 데 드는 생계비가 필요합니다. 그뿐만 아니라 자신이 부양하고 있는 가족을 책임질 만큼의 돈이 필요합니다. 나아가 인간의 의식주 해결을 넘어 자아를 실현하기 위한 다양한 욕구를 충족시킬 수 있을 만큼의 돈이 필요하지요.

만약 임금의 수준이 계속 떨어져 최소한의 생계를 이어갈 수 없는 수준으로까지 떨어져버린다면, 열심히 일하고도 자신의 생계를 유지할 수 없는 사람들이 생겨나게 되겠지요. 그래서 사용자와 노동자가 만나 임금을 결정할 때에는 단순히 시장원리에 따르는 것을 넘어서 그 임금이 인간의 최소한의 삶을 보장하고 있는지, 또한 그것을 넘어 인간다운 삶을 보장하고 있는지도 고려해야 합니다.

헌법에 보장되어 있는 '최저임금제'

회사 측에서는 임금을 결정할 때 노동자의 생계비라는 측면을 잘 반영해주지 않습니다. 노동자들의 임금 인상은 곧 비용의 증가와 경쟁력 악화로 이어진다고 믿기 때문입니다. 그래서 대한민국 헌법은 제32조 1항에서 "모든 국민은 근로의 권리를 가진다. 국가는 사회적·경제적 방법으로 근로자의 고용의 증진과 적정임금의 보장에 노력하여야 하며, 법률이 정하는 바에 의하여 최저임금제를 시행하여야 한다"라고 하여 최저임금제의 시행을 보장하고 있습니다. 최저임금제란 '국가가 근로자의 생활 안정 등을 위하여 임금의 최저한도를 정하고 사용자로 하여금 그 이상의 임금을 지급하도록 법적으로 강제하는 제도'를 말합니다. 사용자와 노동자는 수평적인 관계를 맺기가 힘들기 때문에 국가가 저임금 노동자들을 보호하고 인간다운 최소한의 생활을 보장하기 위해서 사용자를 강제하는 제도인 것입니다.

그렇다면 2009년 최저임금은 얼마일까요? 시간급은 4000원, 하루 8시간을 기준으로 하는 일급은 3만 2000원으로 결정되었습니다. 이 최저임금을 월급으로 환산하면 주 44시간 근무하면 90만 4000원, 주 40시간이면 83만 6000원이 됩니다. 이 최저임금은 해마다 조정됩니다.

턱없이 부족한 최저임금

정부에서는 매년 최저임금위원회를 열어 최저임금을 심의해 결정합니다. 점차 최저임금 수준이 높아져온 것도 사실이지요. 하지만 아직도 최저임금은 전혀 현실적이지 못한 수준입니다. 2008년 결정된 최저임금은 전체 노동자 평균임금의 35퍼센트 정도밖에 안 되는 수준이라고 합니다. 그리고 환경미화원이나 경비원의 경우에는 마치 최저임금 수준만 받는 것이 당연하다는 사회의 잘못된 분위기도 있습니다. 그럼 한번 생각해봅시다. 주40시간 일한다고 할 때 2009년 최저임금은 80만 6000원이라고 했는데요. 만약 여러분들이 한 가정의 가장이라고 한다면 이 최저임금을 가지고 한 달을 살아갈 수 있을까요?

다음 쪽의 신문기사는 여성단체들이 열었던 '박영희 씨의 밥상' 행사에 관한 것입니다. 2005년 이후 시간도 흐르고 최저임금도 인상되긴 했지만, 여전히 그녀를 통해 우리는 최저임금이 현실화되는 것이 어떤 의미일지 생각해볼 수 있을 것 같습니다.

최저임금을 넘어 '생활임금'으로

최근 많은 시민사회단체에서는 최저임금이 아닌 생활임금으로

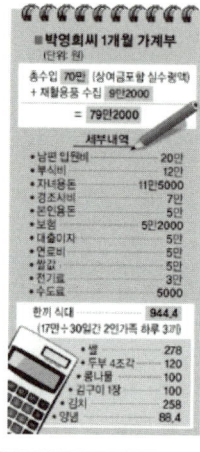

우리의 생각을 전환해야 한다고 주장하고 있습니다. 기존의 최저임금이 마치 고용자들에게 딱 그만큼만 주면 된다는 잘못된 생각을 만들어냈다는 것입니다.

여기서 '최저임금'이 아니라 '생활임금'을 얘기하게 됩니다. 단순히 최소한의 생계유지를 넘어서 인간이 자아를 실현하려면 최저임금이 아닌 생활임금이 지급되어야 한다는 것이지요.

생활임금이란 "노동자들이 가족을 부양할 수 있는 능력과 존엄

성을 유지할 수 있는 수준의 임금"을 넘어 "정치적·사회적 활동에 참여할 수 있는 여가와 수단을 가질 수 있는 수준의 임금"까지도 포함하는 개념입니다. 여기서 생활이라는 것은 최저의 생활조건이 아닌 인간다운 삶의 권리가 보장되는 것을 의미하는 것이지요. 최저임금이 아닌 생활임금을 보장해주게 되면 여러분들이 턱없이 부족하다고 생각했던 임금 수준도 자연스럽게 올라갈 수 있을 것입니다.

최근 일하고 있음에도 불구하고 빈곤한 상태에 놓여 있는 '근로빈곤층'이 증가하고 있다고 합니다. 열심히 일해도 그만큼의 대가를 지급받지 못하는 계층이 늘어난다는 것은 그 사회가 건강하지 못한 사회로 가고 있다는 뜻이겠지요.

정규직 노동자의 일자리는 계속해서 비정규직으로 대체되고, 비정규직 일자리가 확대되면서 '일할 데라도 있는 게 어디야'라는 생각을 하게 합니다. 그러나 이럴 때일수록 행복한 생활을 보장받는 임금에 대한 권리는 노동자의 가장 기초적이고 기본적인 권리라는 점을 꼭 알고 있어야 할 것입니다.

노동 **4**

비정규직 이야기

"청소 상태가 마음에 안 들면 다 씻어서 정리해놓은 바구니, 밥솥이 공중으로 날아다녀요. 우리가 비정규직이라는 것을 이용해 걸핏하면 '이러면 내년에 재계약이 안 된다'고 불안감을 조성하기도 했어요. 그러면 심란해지죠."(학교 급식 조리원과의 인터뷰)[19]

"나라에서 너무 방치하는 것 같아요. 시간에 쫓기는 직업인데 일하다 다쳐도 산재 인정은커녕 오히려 실적을 못 내니 월급만 줄어들지요. 4대 보험은 당연히 없고, 퇴직금도 안 주고요. 기본은

하고 가야 하는 것 아닌가요."(정수기 판매 · 관리원과의 인터뷰)[20]

뭔가 사연이 많은 특별한 사람들의 이야기처럼 들리나요? 이들은 비정규직 노동자들입니다. 비정규직 노동자는 전체 노동자의 절반이 넘습니다.*

기간제, 계약직, 임시직, 파견, 용역, 특수 고용

비정규직은 기간제, 계약직, 임시직, 파견직, 용역직, 특수고용직 등의 고용 형태를 아울러 부르는 말입니다.

'기간제 고용' 이란 고용 기간이 정해져 있는 일입니다. 계약 기간이 지나면 다시 계약할 것인지를 결정해야 하고, 재계약하지 못하면 그 일자리를 잃게 됩니다. 곧 고용이 보장된 정규직보다 약자일 수밖에 없습니다. 앞의 인터뷰 가운데 학교 급식 조리원이 이에 해당합니다.

고용한 기업과 일을 시키는 기업이 다른 경우를 '간접 고용' 이라고 합니다. 노동자를 고용해 다른 기업으로 노동력을 공급하는 업체들은 대부분 노동자를 계약직으로 파견하고 그 기업과의

---

* 2007년 3월 통계청 경제활동인구 부가조사에 따르면 전체 임금 노동자 1573만 명 중 비정규직은 879만 명으로 55.8퍼센트에 달한다.

사회적 무관심이 등떠민 '30m 철탑농성'

현장 KTX승무원 서울역 고공시위

"점심 올려보낸다~"
비빔밥과 도시락을 담은 소담스런 바구니가 30m 위로 끌어올려졌다. 그러나 오히선 철도노조 케이티엑스(KTX) 승무지부장은 비빔밥을 철반 가까이 남겼다. '화장실 문제'로 몸을 최소로 줄이기 위해서다. 언제쯤 내려갈 것냐는 물음에, 그는 "요구가 받아들여져야 내려가죠"라며 씁쓸히 웃었다.

31일 낮, '철도공사 직접 고용'을 요구하며 서울역 뒤편 조명철탑 위에서 '고공농성'을 벌이고 있는 케이티엑스 승무지부와 새마을호 승무원들을 만났다. 조명철탑 꼭대기에는 장희천 새마을호 승무원 대표 등 남자 2명이, 그보다 10m 아래 쪽엔 오 지부장 등 여자 3명이 농성 중이다. 3~4평 넓이의 철탑 바닥이 유일한 안전판이자 맞은편으로 보이는 서울역 플랫폼에 열차을 타고 내릴 때마다 철탑 전체가 흔들린다. 조심스럽게 내려다보니 지상의 사람들은 손 가락만하다.

"솔직히 무서워요. 여기 고공농성이 비정상이라고 자주 한 방법이라는 것도 알아요. 하지만 이렇게까지 하지 않으면 사람들이 봐주지 않잖아요."

오 지부장이 말하다. 교섭창도 승무원으로 취직했다가 철도공사 자회사인 한국철도유통으로 돼 정리해고, "철도공사가 승무원을 직접 고용하라"고 요구하며 파업을 벌인 지 벌써 915일째. 그동안 케이티엑스 승무원들이 비정규직 투쟁의 상징이 됐다. 하지만 길게 예닮 없이 우의를은 3년을 넘겼고 380명이던 참여자들은 이제 35명만 남겼고 있다. '직접 고용'을 놓고 노사의 입장은 여전히 평행선을 달리고 있다.

지난해 12월에 노조가 '철도공사의 업무 위탁계약으로 재용한다'는 회사 측 안을 받아들여 잠정 합의하기도 했다. 그러나 대통령 선거와 이럽 선언 사상의 사직 등에 휩쓸려 합의안 타결은 유명무실해졌다. 강경호 사장이 부임

'직접고용' 요구 파업 915일째
비정규직 투쟁 상징 됐지만
철도공사 교섭안은 점점 후퇴
"국민 시선마저 떠나 아쉽다"

한 차 뒤에 회사 측 최근 교섭에서 '제3의 자회사인 코레일투 어서비스의 '카페멤버'제에 판매사원직을 알선하겠다'는 제안을 들고 나왔다. 지난해 합의안에도 훨씬 못 미치는 조건이다. 오 지부장은 "직접 고용에 무게를 두고 업무위탁제 제안도 수용했는데, 교섭할 때마다 제안 수준은 점점

낮아지고 있다"며 "교섭, 대화, 집회 등 정상적 방법을 총동원해도 문제를 풀 수 없어 여기까지 올라왔다"고 말했다. 오 지부장은 "대통령은 항상 '법'을 이야기하고 있는데 힘들게 법망에서 직접 고용 관례를 받아낸 노동자들도 아부런 보호를 받지 못하는 게 현실 아니냐"고 반문했다. 그는 "법의 보호 대상에도 들지 못하는 비정규직들이 많다"며 "보이지 않는다고 잊어버리게 안 되며, 우리 사회가 급 입업의 관심을 가져줬으면 좋겠다"고 말했다.

교섭에 진전이 없이면 고공농성은 한가위 명절을 30m 상공에서 맞게 된다. 오 지부장은 "서울역 플랫폼에서도 고공농성장이 보이게"며 "귀향객들 타기 전에 우리 모습을 관심 있게 봐 달라"고 호소했다.

최민형 기자 circle@hani.co.kr

■ KTX 승무원들이 '정리해고 철회, 직접고용 보장'을 요구하며 시위를 벌이고 있다. 이들이 소속된 회사는 한국철도유통이지만, 실질적인 사용자는 한국철도공사다. 〈한겨레〉 2008년 9월 1일자.

계약 기간이 끝나면 사실상 노동자들을 해고합니다. 따라서 노동자들 입장에서 본다면 해고당할 위험은 크고 임금은 줄어들 가능성이 많습니다.

'특수고용'이란 독립적으로 일하는 것처럼 보이지만 실제로 사용자에게 종속적인 경우를 말합니다. 노동자 한 명이 사업자가 되므로 실적에 따라 임금을 받지만 이들이 온전히 자율적으로 일하는 자영 노동자라고 하기는 어렵습니다. '간접고용'과 마찬가지로 사용자는 노동자와 직접적인 관계를 갖지 않기 때문에

노동자를 보호하는 책임에서 벗어날 수 있습니다. 앞의 인터뷰 가운데 정수기 판매 · 관리원이 이에 해당합니다.

비정규직은 서럽다

우리가 은행에 가면 만날 수 있는 창구 직원들 중에 일부는 정규 직이고 일부는 비정규직입니다. 한 직장 안에서 정규직과 비정 규직은 비슷한 일을 하지만 임금과 복지 차원에서 다른 대우를 받고 있습니다. 요즘 고용은 보장하지만 퇴직 때까지 계약직으로 일하는 '무기계약직', 정규직과 비정규직의 업무를 분리해 상대적으로 중요성이 덜하고 단순한 일을 비정규직에게 맡기는 '분리직군'이란 것도 생겨났습니다. 기업의 입장에서는 노동자를 고용하는데 드는 비용을 세련된 방식으로 줄이는 것이지만, 노동자 입장에서는 질이 낮은 일자리에서 더 나쁜 조건으로 일해야 하는 것을 의미합니다.

노동부에서 실시한 2007년 사업체근로실태 조사에 따르면 비정 규직 노동자의 시간당 정액 급여는 정규직의 66.4퍼센트입니다. 호봉, 시간외 수당, 퇴직금, 승진 규정, 사회보험 또한 차별적입 니다. 고용이 보장된 정규직에 비해 고용주의 눈치를 더 많이 봐야 하니까 월급을 올려달라고, 좀더 나은 환경에서 일하게 해달라고 요구하기 어렵습니다. 비슷한 상황에 있는 노동자들이 힘을 모아 노동자의 권리를 주장하는 것도, 해고를 예상해야만 하는 위험한 일이 되어버립니다. 노동조합 가입률에서 정규직(15.1퍼센트)과 비정규직(2.5퍼센트)은 큰 차이를 보입니다.

비정규직은 과거에도 있었습니다. 하지만 최근 비정규직이 더 빠른 속도로 늘어가는 추세이기 때문에 사회문제가 되고 있습니다. 지난 2007년 대통령 선거에서 각 후보들은 앞 순위로 비정규직 관련 정책을 내놓기도 했습니다.

기업이 정규직 고용을 줄이고 비정규직을 늘여가는 이유는 무엇일까요. 이것은 기업을 둘러싼 환경이 변화하면서 더욱 뚜렷해지고 있는 현상입니다. '세계화'란 말을 들어본 적이 있죠. 많은 자본을 가진 대기업들은 전 세계로 시장을 확대하고 있습니다. 우리나라 기업이 해외에 나가서 많은 돈을 벌어오는 것은 자랑스러운 일이지만, 미처 살피지 못한 것도 있습니다. 경쟁의 범위가 넓어진 기업들은 비용을 줄이고 변화하는 상황에 유연하게 대처해 이윤을 얻으려고 합니다. 이때 비정규직으로 고용하면 기업에게 유리합니다. 필요할 때는 고용을 늘리고, 상황이 안 좋아지면 빨리 정리하기 쉽기 때문입니다. 또 노동 비용을 줄일 수 있고, 노동자들이 단체 활동을 하는데도 보이지 않는 압력을 가할 수 있습니다.

기업 입장에서 필요할 때 필요한 만큼만 고용하는 것이 경쟁력을 높일 수 있는 한 방안일 수 있습니다. 그러나 노동자 입장에서 원할 때 원하는 일을 할 수 있는 권리를 갖고 있다고 말할 수 있을까요. 해고당한 노동자가 원하는 일자리를 찾는 것은 결코 쉬운 일이 아닙니다.

'88만 원 세대'의 우울한 미래

사회적으로 의미 있는 분석을 위해서 각 세대에게 이름을 붙여주는 경우가 있습니다. '88만 원 세대'는 바로 지금의 20대를 일컫는 이름입니다.

여러분이 20대가 되었을 때를 상상해보세요. 고등학교를 졸업하고 사회생활을 시작하기도 하고, 대학에 진학해 졸업 후 직장을 갖게 되는 경우도 있을 것입니다. 대부분의 사람들이 쾌적한 환경에서 안정적으로 충분한 소득을 얻을 수 있는 일을 하기 원하지만 현실적으로는 각자 조금 다른 조건에서 일하고 있습니다. 모두가 들어가기 원하는 대기업, 공기업 등의 정규직과 같은 '단단한' 직장에 취업할 수 있는 20대는 5퍼센트 남짓에 불과합니다. 절대 다수인 나머지 20대는 '단단하지 않은' 비정규직으로 일하고 있습니다.

'88만 원 세대'에서 '88만 원'은 비정규직 평균임금 119만 원에 20대가 받는 평균급여 비율 74퍼센트를 곱해서 나온 것입니다. 단순히 월급을 88만 원 받는다는 것이 아니라, 젊은이들이 좋은 일자리를 얻기 위해 아무리 열심히 노력해도 소수 이외에는 임금이 낮고 미래가 불투명한 일을 할 수밖에 없는 사회구조의 단면을 보여주는 것입니다. 앞으로 많은 젊은 세대가 비정규직으로 살게 되면서 겪을 수 있는 고통, 이를 해결할 수 있는 방법을 모든 세대가 함께 고민해야 할 때가 아닐까요.

비정규직은 정규직의 미래다

기업 입장에서 비정규직은 더 많은 이윤을 가져다주는 한 방법이지만, 노동자의 입장에서 비정규직은 노동자의 삶을 좌우하는 현실입니다. '비정규직은 정규직의 미래다'라는 말이 보여주듯 최고관리직을 제외하고 어떤 일이든 기업이 원하면 비정규직화되는 상황도 더 이상 예상 못할 일은 아닙니다. 지금 우리가 이런 사회의 모습을 가만히 두고만 본다면 말이죠.

인간의 노동으로 만들어지는 사회에서, 노동자는 자신의 노동을 통해 당당하게 살아갈 수 있어야 합니다. 그렇게 되기 위해서 기업은 짧은 기간에 눈에 보이는 이윤을 얻는 것뿐만 아니라, 소비자이자 생산 참여자로서 기업을 존재하게 하는 노동자들의 삶을 생각해야 할 것입니다. 또한 기업은 노동비용을 줄이는 방식으로만 이익을 추구하는 것이 아니라 사회적으로 건강한 경영 방안을 마련하는데 노력해야 합니다.

공공연한 차별에 눈물짓고, 하루아침에 해고 통지서를 받고 절망하는 비정규직 노동자들의 고통에 관심을 갖고 그것을 덜어주는 사회, 나아가 그런 상황을 바꾸기 위해 노력하는 사람들이 많아지는 사회가 되었으면 좋겠습니다.

알바를 시작하는 한결이에게

어제 한결이를 보고 깜짝 놀랐단다. 키가 훌쩍 커버린 데다가 얼굴에서도 어린이의 흔적이 사라지고 어른의 모습이 되어가고 있더구나. 키만 자란 것이 아니라 마음도 훌쩍 자란 것 같아서 선생님 마음이 아주 흡족했단다. 알바를 해야겠다는 한결이의 얘기를 듣고, 나는 "아이고, 우리 한결이 다 컸네. 이런 어른스러운 생각을 다하고……" 하며 격려해주었지.

하지만 고백할 것이 있단다. 선생님은 사실 속마음을 많이 숨기고 있었어. 어제 네가 돌아간 뒤 이 생각 저 생각 많이 했단다. 모처럼 결심한 한결이에게 좋은 얘기만 해주는 것이 좋을까, 그래도 진실을 알리는 것이 좋을까 하고 말이야. 선생님은 진실 쪽을 택하기로 했단다. 진실은 쓰지만 몸에 좋은 약과 같은 것이거든. 알바를 시작하는 우리 한결이가 알아야 한다고 생각되는 것을 정리했단다. 우리 삶의 어느 대목이 그렇지 않겠냐만, 특히 알바는 '아는 게 힘'인 경우가 정말 많단다.

사고 싶은 것을 사기 위해?

먼저 네가 왜 알바를 하려고 하는지 묻고 싶구나. 한 신문사에서 알바를 하는 청소년들에게 물었더니, 사고 싶은 것을 사거나 용돈을 벌기 위해서, 많은 것들을 경험해보고 싶어서, 생계를 위해서 순으로 대답했다고 하더구나. 네 경우는 어떠니?

선생님은 한결이가 사고 싶은 것을 사거나 용돈을 벌기 위해서 알바를 하는 경우라면 한번 더 생각해보라고 말해주고 싶다. 너는 무엇을 사기 위해 더 많은 돈이 필요한 것일까? 새 휴대전화, 스쿠터, 유명 브랜드의 가방, 최신형 MP3 플레이어 ……. 너의 마음을 뒤흔드는 네 위시리스트^{wish list}는 길고 길 것이다. 그리고 리스트를 차지하는 항목 하나하나마다 네가 그것을 꼭 가져야만 하는 절실한 이유들도 분명 있을 것이다.

223

그 욕망을 모두 실현하고 난 뒤에는 너의 위시리스트가 텅 비어 있을까? 너는 이미 대답을 알고 있지? 너의 위시리스트는 계속해서 길어질 것이다. 그건 선생님도 마찬가지란다. 우리의 욕망은 채워도 채워도 가득 차지 않는 밑 빠진 독과 같단다. 네가 진정으로 행복해지기를 배우려면 욕망의 밑 빠진 독을 메우는 법을 익혀야 한다. 밑 빠진 독을 메우는 첫 번째 방법은 "이것이 내 행복을 위해 진정으로 필요한 것인가?"를 끊임없이 물어보는 것이란다.

지속적인 행복을 보장해주지 않는 물건을 구입하기 위해 네 인생의 소중한 시간을 흘려보내지 않기를 선생님은 간절히 바란다. 알바를 할 때 네 인생의 소중한 시간을 대가로 지불하고 있음을 기억하고, 나의 선택이 그만큼의 가치가 있는 일인지 판단해보기를 바란다.

많은 경험을 얻기 위해?

많은 것을 경험하기 위해 알바를 하겠다고 생각했다면, 그 역시 한번 더 생각해보라고 권하고 싶다. 아직 만 18세도 되지 않았고, 학교도 다니고 있는 네가 할 수 있는 선택은 그리 많지 않다. 너는 음식을 배달하거나 커피숍에서 서빙을 하거나 주방에서 잡

아르바이트, 아는만큼 대우받는다

최저임금 시간당 3770원
야간·휴일근무는 수당 더 줘야
노동부·싸이월드서 정보제공

김나연 기자 편집부호 3

이번 여름방학 동안 정모(S중 3) 군은 횟집에서 서빙 아르바이트를 했다. 정 군은 시간당 3000원을 받았으며 새벽 2시까지 야간근무를 했지만 차비라고 준 3000원 외의 가산임금은 받지 못했다. 또 근무 중 깨진 유리컵을 치우다가 손을 다쳤지만 아무런 얘기도 못했다.

정 군이 받은 돈은 최저임금인 시간당 3770원에 턱없이 모자라는 액수다. 밤 10시-오전 6시까지의 야간근로는 근로자 있고 노동청 인가와 연소 근로자의 동의가 있으면 50%를 가산, 임금을 지급하도록 돼 있음에도 불구하고 받지 못했다.

치킨집 배달 아르바이트를 했던 박모(K고 2) 군은 "시급 3500원을 받고 오후 6시부터 밤 11시까지 일했다. 처음엔 시급을 제대로 주었지만 2주 정도 지나자 제 때 주지 않거나 충전보다 적은 금액을 줬다. 이 때문에 아르바이트를 그만뒀다"고 했다.

박 군은 또 '야간근로와 휴일근무를 했는데도 고용주는 가산임금에 대한 얘기는 하지도 않았고 일을 그만두고 나서도 볼썽았다'고 전했다.

이처럼 학비나 용돈 등을 벌기 위해 아르바이트를 하는 청소년들이 많지만 임금 등의 피해가 여전히 사라지지 않고 있다.

이들의 나이가 어리고 법이 명시한 근로조건을 잘 모른다는 이유로 일부 고용주들이 제대로 된 대가를 지급하지 않고 있는 것이다.

이 같은 피해를 막기 위해서는 우선 청소년들이 자신의 권리를 아는 게 중요하다. 이에 따라 노동청 등에서 청소년들의 아르바이트 피해를 줄이기 위해 다양한 사이트를 운영하고 있어 적극적인 활용이 요구되고 있다.

이들 사이트는 청소년들에게 해당되는 근로 조건을 알려주고 권리를 실현할 수 있도록 다양한 정보를 제공하고 있다.

우선 노동부에서는 2006년 10월부터 '일하는 1318알자알자자(http://nadaero.co.kr/rja/)' 사이트를 통해 캠페인을 하고 있으며 청소년 아르바이트를 할 때 꼭 알아야 할 사항 등 아르바이트 상식을 안내한다.

싸이월드 타운홈피(town.cyworld.com/rjarja)에서도 관련된 다양한 정보를 자세히 안내하고 있다.

부산지방노동청 고용평등과 송진아 씨는 "아르바이트 피해를 막기 위해 지속적인 홍보와 캠페인을 하고 있지만 아직도 청소년들의 관심이 부족한 것 같다"며 "이런 사이트 등을 통해 아르바이트 관련 내용을 숙지, 자기의 권리는 반드시 챙기는 게 좋다"고 조언했다.

청소년들은 아르바이트를 하면서 부당 피해를 입지 않도록 관련 사이트 등에서 정보를 미리 챙겨보는 게 좋다 (사진은 기사의 특정 내용과 관계가 없음).

■ 아르바이트를 하기 전에 근로 조건 등을 꼭 알고 있어야 한다. 〈국제신문〉 2008년 9월 10일자.

다한 일을 도와주게 될 것이다. 아니면 계속해서 물건을 나르거나 주유소처럼 유해한 환경에서 일하게 될 것이다. 일한다는 것은 하루 이틀의 특별한 경험을 하는 것과는 다르다. 너는 색다른 경험으로부터 교훈을 얻고 삶에서 중요한 것을 챙기게 되기도 하겠지만, 힘든 노동에 지쳐갈 것이다. 그런 종류의 일에서 보람을 발견하는 것도 쉬운 일은 아니다.

한결이가 기대하는 것처럼 '많은 것을 경험' 할 수 있는 기회가 알바를 통해 펼쳐지기는 어렵단다. 오히려 "노동은 정말 힘들고 고달픈 거야. 대가로 받는 보수 말고는 아무것도 좋은 게 없어"라는 편견만을 배우게 되기 쉽다. 공정하지도 않고 친절하게 대해주지도 않는 네 고용주를 보며 어른의 세계에 대해, 또 경제의 세계에 대해 나쁜 생각만 잔뜩 품게 될 수도 있지. 한결이가 경험하고 싶은 것은 무엇일까? 알바는 정말 한결이에게 그런 경험을 줄까?

알바생이 아니라 노동자가 되자

다시 생각하고 또 생각해도 알바를 해야겠다고 결정할 수도 있을 것이다. 생활비나 등록금을 벌기 위해 일이 절박하게 필요할 수 있겠지. 또, 그렇게 절박한 경우가 아니라도 알바를 하기로 선택할 수 있을 것이다. 일단 하기로 마음먹었다면 나는 네가 똑똑한 노동자가 되기를 바란다.

알바생이라는 어중간한 입장, 또 청소년이라는 불리한 입장은 너를 억울한 상황으로 몰아넣게 된다. 마땅히 받기로 약속되어 있는 임금을 제때 못 받아서 임금을 달라고 하면 "어린 것이 벌써부터 돈만 밝힌다"는 얼토당토않은 비난을 받기도 하고, "너는 미성년자라서 직접 돈을 지불할 수가 없으니 부모님을 모시고 오라"는 엉뚱한 주문을 받기도 한다. 실은 부모님한테는 알바 한다는 것이 비밀인데 말이야.

돈을 벌기 위해 일하는 것은 부끄러운 것이 아니다. 어리건 나이가 많건 일한 대가를 받는 것은 아주 정당하고 당연한 일이다. 또 너의 노동에 대한 대가는 전적으로 너의 것이다. 부모님이라 할지라도 네 임금을 대신 받아갈 수는 없는 것이다.

이제부터 일자리를 구하는 네가 꼭 알아야 할 법 기준을 알려주마. 이왕 하려고 마음먹었다면, 네가 똑똑하게 일하고 당당하게 권리를 챙기기 원하기 때문이다.

먼저, 시간당 최저임금을 기억해라. 2009년 기준 시간당 최저임금은 4000원이다. 네가 시간제 알바라 해도 최소한 그만큼의 시급은 받아야 한다는 얘기이다. 경험이 없는 초보자라도 마찬가지이다. 알바를 하는 청소년들이 최저임금에 미달하는 시급을 받는 경우가 있더라도 최저임금 규정을 정확하게 알고 있는 것은 매우 중요하단다.

또 18세 미만의 청소년에게는 하루 7시간, 1주일 42시간 넘게 일을 시킬 수 없단다. 네가 동의한다면 하루 1시간, 1주일 6시간 내에서 근무시간을 연장할 수 있다. 그러나 그 시간을 초과하는 경우에는 너와 너의 고용주가 합의하더라도 불법이다. 또 언제 일할 것인가도 중요한 문제인데, 청소년에게는 야간 또는 휴일에 일을 시킬 수 없단다.

근로계약서를 준비하자

너는 일을 하기로 하고 고용주는 너를 고용하기로 하는 것은 하나의 계약이란다. 계약을 제대로 하려면 계약서가 있어야 한다. '근로계약서'는 너와 고용주 사이에서 일어날 수 있는 불필요한 분쟁을 없애주고 너의 권리를 보호해줄 것이다. 문서로 작성하기 어렵다면 말로 작성해도 되는데, 이때에는 반드시 그 내용을 녹음해 두렴. 물론 가장 좋은 것은 문서로 작성하는 것이지.

근로계약서에는 담당 업무, 임금, 일하는 시간, 쉬는 시간(휴게)과 휴일·휴가, 일할 장소 등이 명확히 적혀 있어야 한단다. 혹시 고용주가 거부해서 정식 근로계약서 없이 일하게 되는 경우라 할지라도 임금에 대한 내용을 꼭 문서로 만들어두기를 권하고 싶구나.

그런데 계약이라는 이름으로 너와 너의 고용주가 합의했다고 하더라도 무효가 되는 경우들이 있단다. 근로기준법을 어기는 내용들은 계약서에 있더라도 무효가 되는 것이지. 계약서보다 근로기준법이 더 중요한 약속이거든.

첫째, 최저기준에 못 미치는 계약은 무효란다. 최저임금에 못 미치는 임금, 최저기준(8시간 일하면 1시간의 쉬는 시간을 주도록 되어 있다)에 못 미치는 쉬는 시간과 같은 것은 무효가 된단다.

둘째, 위약금을 미리 정해두는 것은 안 된다. 지각 몇 번이면 월급을 깎는다든지, 한 달을 못 채우고 그만두면 월급을 주지 않는다든지 하는 내용은 법을 위반하는 것이란다.

셋째, 부모님이 대신 계약할 수 없단다. 일할 본인의 의사 이외에 다른 강제가 있어서는 안 되거든. 설사 부모님이라고 해도 안 된단다. 그러니 혹시 부모님이 대신 일자리를 구해주고 계약을 맺었다고 하더라도 네가 원치 않으면 가지 않아도 된단다.

이런 내용들을 염두에 두고 근로계약서를 작성해보자. 너를 위해 이 편지의 끝에 근로계약서의 양식을 첨부해두었단다. 아, 약속된 임금을 받지 못했을 때 너를 도와줄 노동부 노동종합상담센터 전화번호도 하나 적어 놔라. 국번 없이 1350. 무슨 일 있으면 연락해라.

연소근로자 표준근로계약서

_____(이하 '갑'이라 함)과(와) _____(이하 '을'이라 함)은
다음과 같이 근로계약을 체결한다.

1. 근로계약기간 :   년   월   일부터   년   월   일까지

2. 근 무 장 소 :

3. 업무의 내용 :

4. 근로시간 : ____시___분부터 ___시___분까지 (휴게시간 : 시 분 ~ 시   분)

5. 근무일/휴일 : 매주 __일(또는 매일단위)근무, 주휴일 매주 __요일

6. 임 금
   - 시간(일, 월)급 : _____원
   - 상여금 : 없음 (   ), 있음 (   ) _____원
   - 기타급여(제수당 등) : 없음 (   ), 있음 (   )
     · _____원, _____원
     · _____원, _____원
   - 임금지급일 : 매월(매주 또는 매일) _____일(휴일의 경우는 전일 지급)
   - 지급방법 : 을에게 직접지급(   ), 예금통장에 입금(   )

7. 기 타
   - 호적증명서와 친권자(후견인)의 동의서 확인 여부 : _____
   - 이 계약에 정함이 없는 사항은 근로기준법에 의함

                              년   월   일

(갑) 사업체명 :   (전화 :   )
    주   소 :
    대 표 자 :   (서명)

(을) 주   소 :
    연 락 처 :
    성   명 :   (서명)

경제는 발전하지만 늘어나는 실업자

오빠는 이태백이다

요즘 다들 대학을 졸업하고도 취직하기가 정말 어렵다고 합니다. 청년실업, 백수, 이태백(이십대 태반이 백수), 사오정(사십오 세에 정년)이란 말을 여러분들도 들어본 적이 있지요. 다들 일자리를 못구해서 생긴 말들입니다. 해민이의 사촌 오빠도 이태백입니다. 올해 스물여덟 살인데 작년에 대학을 졸업하고도 취업을 하지 못하고 있습니다. 지금은 집에서 눈칫밥 먹으며 다른 언니 오빠들처럼 하루 종일 도서관에서 취업 준비를 하고 있습니다. 올해는 꼭 취직하겠다고 하는데 어찌될지 모르겠습니다.

요즘 보면 해민이는 오빠가 안쓰러워 보입니다. 해민이에게 장난도 걸고 재미있는 얘기도 잘해주던 오빠가 말도 없어지고 기운도 없어 보여서 해민이는 오빠에게 말을 걸기가 쉽지가 않습니다. 취직 공부하는 것도 힘들지만 취직을 못해서 마음고생이 큰 것 같습니다.

뉴스에서 대학을 졸업한 언니 오빠들이 취직을 못해서 자살까지 하는 일들이 벌어지고 있다고 종종 나오는 것을 여러분도 본 적이 있지요. 취직을 못하고 있다는 것, 즉 실업이라는 것은 국가적으로는 인적자원의 낭비일 뿐만 아니라 개인에게는 생존이 걸린 문제로 아주 심각한 것입니다. 여러분도 공부를 마치면 성인이 되어 있겠지요. 그러면 사회에 나가서 돈을 벌면서 스스로 삶을 개척해나가야 하는데 취직이 안 돼서 아무것도 하지 못하고 있다고 생각해보세요. 그 마음고생이 얼마나 힘들지 상상할 수 있나요?

그런데 해민이는 이해가 안 되는 것이 있습니다. 해마다 우리나라는 경제가 성장하고 있다고 정부에서 발표하고 있습니다. 근래 들어서는 거의 매년 4~5퍼센트의 경제성장률을 보인다고 합니다. 학교 사회 수업시간에 경제가 발전하면 일자리가 늘어난다고 배웠거든요. 경제가 1퍼센트 성장을 하면 5만 개의 일자리가 새로 생겨난다고 합니다. 그러면 우리나라는 매년 경제가 성장하고 있으니 일자리가 늘어나는데 이태백이니 사오정이니 하면서 일자리를 못 구해서 많이 힘들어 하고 있는 현상들에 대해 이해가 안 되는 것입니다. 여러분도 이런 생각을 한번씩 해보지 않았나요?

대부분의 일자리는 비정규직이다

■ 한 취업박람회에서 입장하기 위해 긴 줄을 선 구직자들.

경제가 계속 성장하면서 일자리가 늘어나고 있는 것은 맞는 말입니다. 그렇지만 이 말이 100퍼센트 맞는다고 할 수는 없습니다. 여기서 늘어나는 일자리가 어떤 종류의 일자리인가를 한번 더 생각해봐야 합니다. 지금 새로 생겨나는 대부분의 일자리는 적은 임금에 불안정하고 임시적인 일자리들입니다. 흔히 말하는 비정규직이지요.

통계에 의하면 우리나라의 전체 노동자는 대략 1500만 명인데 그 중 50퍼센트가 넘는 850만 명 정도가 비정규직 노동자라고 합니다. 선생님도 이렇게 많은 줄 몰랐어요. 그리고 계속해서 이 숫자는 늘어만 가고 있습니다. 우리 사회에 많은 비정규직 노동자들은 한 달에 100만 원 남짓의 월급을 받아 생활하고 있습니다. 우리나라에서 100만 원 정도의 임금을 받고 제대로 된 생활을 할 수 있을까 생각해보세요. 그리고 이런 일자리에서 일하는 사람들은 항상 언제 해고될지 모르는 불안 속에 지내고 있습니다. 혹시 지난 2007년 우리 사회에 비정규직 문제가 얼마나 심각한지를 알려준 이랜드의 비정규직 파업 문제를 알고 있나요? 물론 지금도 이랜드의 비정규직 문제가 해결이 안 되고 있습니다. 그래서 모두들 이런 비정규직 일자리를 피하고 돈을 많이 주고 오랫동안 안정적으로 일할 수 있는 직장, 즉 괜찮은 일자리 구하려고 합니다. 여러분도 나중에 이런 직장에 취직하기 원하고 있지요? 그런데 괜찮은 일자리를 구한다는 것은 하늘의 별따기라고 합니다. 경제가 성장하면 괜찮은 일자리가 늘어나야 되는 것 아니냐고요? 맞습니다. 하지만 상황은 그렇게 간단하지가 않습니다.

괜찮은 일자리가 줄어들고 있다

현재 많은 사람들이 일자리를 구하지 못해 실업자로 전락하고 취업을 포기하는 일까지 벌어지는 이유는 괜찮은 일자리가 줄어들고 있기 때문입니다. 우리나라가 IMF사태 이후에 기업이 규모를 줄이는 구조조정을 하면서 많은 사람들이 직장을 잃었고, 그 뒤 기업들은 괜찮은 일자리를 줄이고 기존에 정규직이 하던 일을 비정규직으로 대체했습니다. 물론 이렇게 하면서 기업은 이전보다 더 많은 이익을 낼 수 있게 되었지요.

우리나라에서 괜찮은 일자리는 500대 기업이 갖고 있는데 1995년에 251만 개였던 괜찮은 일자리가 70만 개가 감소하여 2005년

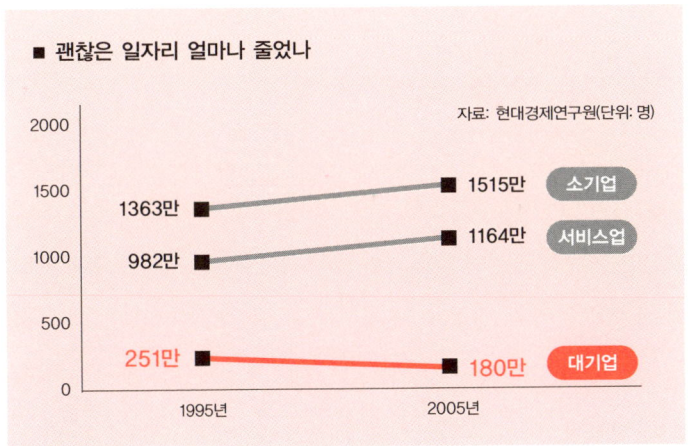

■ 괜찮은 일자리 얼마나 줄었나

자료: 현대경제연구원(단위: 명)

에 180만 개로 줄어들었습니다. 그 반면 임시직이나 비정규직 일자리는 늘어났지요. 결국 기업들이 괜찮은 일자리를 줄이면서 이런 일자리를 얻는 것이 더 어렵게 되었습니다. 결국 대학을 졸업하고도 괜찮은 일자리를 얻기 위해 몇 년 더 공부하는 취업 재수를 하게 되었고, 이런 일이 반복되어 계속 실업자들이 늘어나게 되는 상황이 이르게 된 것입니다.

지금 상황은 더욱 심각해져서 2008년 대학 졸업자 56만 명 가운데 500대 기업 정규직 취업자는 3만~3만 5000명이라는 발표가 있었습니다. 즉 대학 졸업자 100명 가운데 5명 정도만 괜찮은 일자리를 얻고 나머지는 취업 재수를 하거나, 경제적 상황이 어려운 졸업생들은 일단 자신들의 생활비라도 벌 목적으로 시간제 아르바이트나 비정규직으로 취직하고 있는 상황입니다.

고용 없는 성장이 일어나고 있다

일자리가 줄어들고 있는데 있어 또 다른 원인도 있습니다. 기술이 발달함에 따라 이전에 사람들이 하던 일을 기계나 컴퓨터가 대신하고 있지요. 요즘 은행에서 돈을 입금하거나 찾을 때 다들 자동화기기를 이용하고 있지요. 하지만 예전에는 은행 창구에서 직원들이 통장에 잔고를 직접 손으로 써서 적어주고 주판을 사

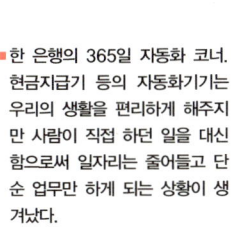
한 은행의 365일 자동화 코너. 현금지급기 등의 자동화기기는 우리의 생활을 편리하게 해주지만 사람이 직접 하던 일을 대신함으로써 일자리는 줄어들고 단순 업무만 하게 되는 상황이 생겨났다.

용해서 계산했습니다. 하지만 지금은 모든 것들을 컴퓨터가 대신해주고 있지요.

선생님이 살고 있는 동네의 한 은행에는 현금입출금기가 15대가 있습니다. 그래서 입금하거나 찾을 때 기다리는 일이 적어져서 편리하지만, 상대적으로 이전에 사람들이 하던 일을 자동화기기가 대신하기 때문에 사람들의 일자리는 줄어들게 되었습니다. 이런 상황은 은행만이 아니겠지요. 결국 많은 직장에서 일자리는 더욱 줄어들게 되고 사람들은 저임금의 단순한 업무를 해야 하는 일이 발생하게 된 것입니다.

또한 우리나라 기업들이 최근에 더 많은 이익을 내기 위해 국내에 있는 공장을 임금이 싼 중국이나 동남아시아 등지로 옮기거나 그곳에 있는 공장에서 만들어 국내에 들여오고 있는 것은 여러분도 잘 알고 있지요. 여러분이 가지고 있는 옷이나 전자제품 보면 대부분 중국이나 인도네시아, 타이 등 다른 나라에서 만들 어진 것들을 볼 수 있지요.

하지만 그 대신 우리나라 안에서의 일자리는 줄어들 수밖에 없 습니다. 수원에 있는 삼성전자 공장은 한때 4만 명이던 노동자 들이 이제는 1000명으로 줄어들었습니다. 이런 식으로 기업이 장사를 하면 돈을 더 많이 벌어들여 경제는 성장하지만 국내 일 자리는 계속해서 줄어들 수밖에 없습니다. 이를 가리켜 '고용 없 는 성장'이라고 합니다.

이 '고용 없는 성장'은 단순히 일자리가 줄어들어 실업자가 늘 어나는 문제뿐 아니라, 경제적 불평등을 만들어 사회적 문제를 발생시킬 위험이 많습니다. 경제가 성장하면서 생겨난 이익들이 국민 모두에게 골고루 돌아가야 하는데 '고용 없는 성장' 상황 에서는 그 이익이 회사의 대표나 주주들에게만 돌아가게 됩니 다. 이것은 결국 빈익빈 부익부 현상을 더욱 부추기는 결과를 가 져오게 만듭니다.

대통령 선거가 지난 2007년 12월 19일에 있었지요. 대통령 선거 에 후보로 나온 사람들 모두가 자기가 대통령에 당선이 되면 새 로운 일자리를 창출하겠다고 공언했습니다. 200만 개에서 최대 500만 개의 일자리를 새로 만들겠다고 하는데, '고용 없는 성장'

이 지속되는 상황에서 괜찮은 일자리를 만드는 것이 실현 가능할지 모르겠습니다. 혹시 비정규직 일자리만 더 만들어낸다면 이것은 진정한 의미의 일자리 창출이라고 할 수 없습니다.

실업률 통계는 믿기 어렵다

이제 해민이도 약간은 이해가 되는 것 같습니다. 그런데도 의문이 여전히 안 풀리는 게 있습니다. 해민이는 얼마 전 뉴스에서 정부가 2007년 20대 실업률이 6.5퍼센트라고 하면서 5년 전 2002년 11월 6.3퍼센트 이후 가장 낮은 실업률이라며 자랑스럽게 발표하는 것을 보았습니다. 지금 온통 취직이 안 돼서 난리에 자살까

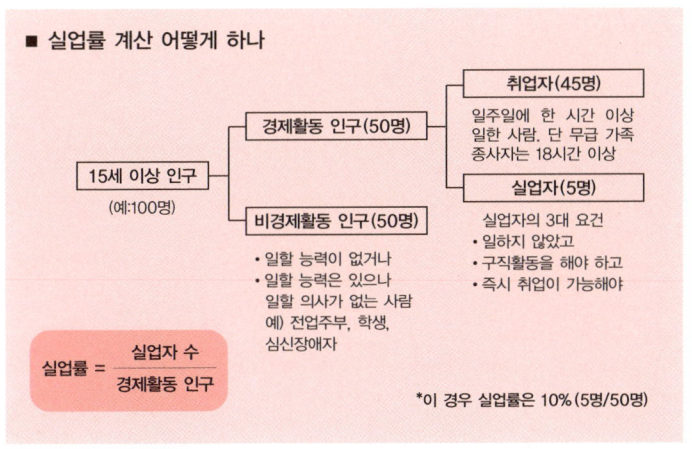

■ 실업률 계산 어떻게 하나

15세 이상 인구 (예:100명)

경제활동 인구 (50명)

취업자 (45명)
일주일에 한 시간 이상 일한 사람. 단 무급 가족 종사자는 18시간 이상

실업자 (5명)
실업자의 3대 요건
• 일하지 않았고
• 구직활동을 해야 하고
• 즉시 취업이 가능해야

비경제활동 인구 (50명)
• 일할 능력이 없거나
• 일할 능력이 있으나 일할 의사가 없는 사람 예) 전업주부, 학생, 심신장애자

$$실업률 = \frac{실업자\ 수}{경제활동\ 인구}$$

*이 경우 실업률은 10% (5명/50명)

지 하는 마당에 실업률이 더 낮아졌다는 것은 도저히 이해가 안 되는 것입니다. 여러분들도 해민이와 같은 생각이 들지 않나요? 이것은 실업률을 계산하는 방식에 문제가 있기 때문입니다. 우리가 주위에서 일 안하고 놀고 있는 사람을 보고 흔히들 백수라고 합니다. 여러분이 보기에 백수는 '당연히' 실업자라고 알고 있지요. 그런데 정부에서 말하는 실업자는 일자리를 구하려고 노력하는데 못 구하고 있는 사람만을 뜻합니다. 실업률은 '(실업자 수/경제활동 인구)×100' 의 공식으로 나타냅니다. 그래서 백수는 일자리를 구하려다가 아예 포기했기 때문에 경제활동 인구에 포함되지 않습니다. 실업률이 내려갔다고 하는 것은 청년들이 일자리를 구하려다가 구하지 못해 아예 포기해버려 실업자 수에 포함되지 않아서 나타난 현상이지 일자리가 늘어나 많은 사람들이 취직해서 실업률이 줄어든 것이 아닙니다.

그리고 실업률 통계에 또 다른 문제점이 있습니다. 1주일에 1시간 이상 일하면 취업자로 분류됩니다. 과연 1주일에 1시간씩 3770원(2008년 기준 시간당 최저임금)을 받아서 생활이 가능할까요. 취직을 못한 언니 오빠들이 용돈을 벌기 위해 동네 편의점이나 패스트푸드점에서 하루에 3~4시간씩 일하면 취업자로 포함이 된다는 것입니다. 과연 취직이란 것이 이런 의미일까요?

그래서 실업률 통계보다 오히려 '구인배율'이 현실을 좀더 정확하게 반영한 통계라고 할 수 있습니다. 구인배율이란 기업체에서 필요로 하는 사람 수를 일자리를 구하는 사람 수로 나눈 비율입니다. 2006년 우리나라의 구인배율은 0.48이고 일본은 1.06이었습니다. 다시 말하면 우리나라는 100명이 일자리를 구하는데 나와 있는 일자리는 48개이고 일본은 106개라는 걸 의미하는 것이지요. 우리나라의 대졸자의 구인배율이 2006년에 0.25이었으니 이것은 4명 가운데 1명만이 일자리를 얻었다는 말입니다. 실업률과 구인배율이 너무 차이가 나고 있음을 알 수 있지요. 현재 발표하고 있는 실업률 통계는 우리 사회의 엄청난 실업문제를 제대로 반영하지 못하고 있다는 생각이 듭니다.

꼭 필요한 노동, 돌봄노동

집에서 일하는 사람이 될 거야

대학 시절 절친했던 남자 선배는 결혼하면 아내는 집에서 아이를 돌보고 살림만 했으면 좋겠다는 말을 종종하곤 했습니다. 그 선배의 엄마는 교사였는데, 어렸을 적 집 열쇠를 목에 걸고 텅 빈 집을 들어오는 게 무척이나 싫었다는 게 그 이유였습니다.

세월이 흘러 나는 중학교 사회 선생님이 되었고 두 아이의 엄마가 되었습니다. 언제나 먼저 집에 돌아와 엄마가 퇴근하기만을 기다리곤 하던 큰 딸아이가 식탁에 앉아 내게 말하더군요.

"난 커서 피아노 선생님처럼 집에서 일하는 사람이 될 거야. 그러면 돈도 벌고 아이도 잘 보살펴줄 수 있잖아!"

20여 년 전 대학 선배처럼 딸아이는 항상 자신을 보살펴주는 따스한 가슴이 그리웠던 것입니다. 그래서 어렵게 직장을 잡은 엄마들은 집 안의 등을 먼저 켜두고 아이를 따스한 품으로 맞이하기 위해 과감하게 꿈을 접기도 한답니다. 엄마의 선택은 꼭 이렇게 한 가지밖에 없는 것일까요?

나의 하루는 6시에 시작됩니다

선생님은 아침 6시에 일어나 집 안을 대충 정리하고 아침을 준비합니다. 7시에 아이들을 깨워 서둘러 아침을 먹고 7시 30분에 학교로 출근을 합니다. 두 아이는 느릿느릿 아침을 먹고 8시가 넘어야 학교에 갑니다. 출근하기 전 1시간가량의 가사노동을 한 셈입니다.

교사의 퇴근 시간은 4시 30분이지만 집에 도착하는 시간은 대개 5시 30분에서 6시 사이입니다. 집에 오면 옷을 갈아입고 곧바로 저녁 준비에 들어갑니다. 7시 30분 정도에 저녁을 먹고 청소와 빨래, 설거지를 하고 두 아이의 숙제와 공부를 도와줍니다. 그러다보면 순식간에 10시가 되고 두 아이가 잠든 후에야 오롯이 나만의 시간이 주어집니다. 그러니까 퇴근하고 대략 3시간 이상의 가사노동을 했고 직장에서 보낸 노동시간 외에 하루 4시간 이상의 가외 노동을 한 셈입니다.

그런데 이상하죠? 이렇게 쓰고 보니 우리 집엔 남편이 전혀 등장하지 않네요. 여느 집과 비슷하게 우리 집 두 아이의 아빠는 늘 바쁩니다. 회사일이 밤늦게까지 이어지고 술자리가 끊임없이 벌어지기 때문에 주중에 두 아이의 숙제를 봐준다거나 설거지를 도와주는 일은 거의 없습니다. 나의 성화에 못 이겨 주말에 두어 번의 설거지와 한 번의 청소 그리고 군대에서 갈고 닦은 다리미질을 뽐내는 게 집에서 하는 가사노동의 전부입니다. 이걸 시간으로 계산하면 2시간 남짓? 그만큼 하고서도 자신은 친구들에 비하면 집안일을 많이 도와주는 편이라고 합니다.

우리나라 사람들의 평균적인 생활은

통계청에서는 우리 국민의 24시간 활동 내용을 분석한 생활시간 조사를 정기적으로 발표합니다. 2004년 자료에 의하면 한국 남성이 가사노동에 쓰는 시간은 하루 46분으로 2시간 22분을 사용하는 미국 남성이나 2시간 43분을 쓰는 독일 남성에 비해 매우

직장여성 가사노동 남성 2배

임금은 64% 수준에 그쳐

서울지역에 거주하는 여성의 임금은 서울남성의 64%에 불과하지만, 가사노동 시간은 이들 남성의 2배를 넘는 것으로 나타났다.

서울시 여성가족재단은 14일 서울지역 여성의 현황, 지위 변화 등을 측정하기 위해 통계청과 교육부 등의 통계를 분석해 성(性)인지 지표(GSI)를 평가한 결과 이같이 나왔다고 발표했다.

서울 여성의 경제활동 참여율은 2006년 51.9%로 전년도에 비해 0.1% 포인트 감소했으며 2006년 경제협력개발기구(OECD) 국가 평균인 60.8%보다 8.9%포인트나 낮았다. 남성 참여율 역시 74.7%로, OECD 평균(80.4%)보다 떨어졌다.

2006년 상반기에 경제활동을 하는 남성의 경우 월 평균임금이 312만 7000원이었

으며, 여성은 남성의 64.1% 정도인 188만 8362원이었다. 5년 전보다 고작 1.1%포인트 늘어난 수준이다.

또 2004년 기준으로 여성이 4시간 47분을 가사노동에 할애하는 반면, 남성은 2시간 11분을 투자했다. 1999년에 비해 여성은 8분이 줄고, 남성은 5분이 늘었다.

맞벌이 여성의 가사노동 시간도 4시간 20분에 달해 여전히 가사 부담은 여성이 남성보다 2배 이상 큰 것으로 조사됐다. 육아휴직자 비율은 여성이 98.7%, 남성이 1.3%로 육아를 위한 휴직은 대부분 여성의 몫이었다.

이밖에 서울시 주요 부서별 공무원 배치 현황을 성별로 분석한 결과 기획·예산·인사 등 주요 부서에 배치된 여성 공무원은 28.2%, 남성 공무원은 71.8%로 남성 공무원들이 여성보다 2.5배 더 많았다.

조영미 박사는 "여성의 일하고자 하는

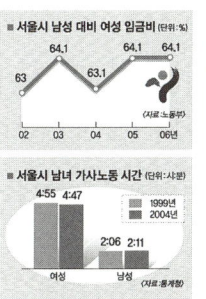

욕구는 높지만 가사 부담이나 육아휴직으로 인한 경력 단절이 일어나고 있다."면서 "여성이 일과 가사를 양립할 수 있도록 공공보육시설의 확대, 유연한 육아휴직제 운영 등 지원책을 강화해야 한다."고 말했다.

최여경기자 kid@seoul.co.kr

■ 한국 남성이 가사노동에 쓰는 시간은 하루 46분에 불과하다. 맞벌이 여성들이 직장을 그만두는 이유의 70퍼센트는 홀로 감당해야 하는 가사노동 때문이다. 〈서울신문〉 2008년 1월 15일자.

적었습니다. 굳이 변명을 하자면 한국 남성은 직장에서 일하는 시간이 미국이나 독일 남성에 비해 2시간 이상 많기 때문이라고 할 수 있습니다.

그러나 맞벌이 부부의 상황을 보면 그러한 변명도 통하지 않을 것 같습니다. 우리나라 맞벌이 주부의 남편은 전업주부의 남편에 비해 가사노동을 고작 1분 정도 더 하는데 그래봤자 32분입니다. 그에 비해 맞벌이 주부의 가사노동은 3시간 28분으로 남편의 6.5배를 더하고 있습니다. 30~50대 여성 취업자는 2007년 현재 639만 명으로 2000년보다 16.8퍼센트 증가했지만 가사노동은 여성이 도맡고 있는 게 현실입니다.

맞벌이를 그만둔 여성들의 이유 중 46.5퍼센트가 육아문제였고 그 다음 26퍼센트가 가사노동과 병행하기 어려워서였습니다. 넓은 의미에서 육아문제 또한 가사노동에 포함되기 때문에 맞벌이를 그만두는 여성들의 이유의 70퍼센트 이상이 홀로 감당해야하는 가사노동 때문이라고 할 수 있습니다.

"난 집에서 그냥 있는 게 아니라고!"

가장이라는 이름으로 한 집안의 경제력을 지탱하고 있는 남편들은 술자리에서 상대방이 "어이, 자네 부인은 뭐하나?"라고 물으면, "뭐, 그냥 집에서 놀지 뭐"라든가 "그냥 집에 있어"라고 대꾸하는 일이 흔합니다. 아내는, 엄마는 정말 집에서 놀거나 그냥 있는 걸까요?

미국의 구직 전문사이트 샐러리닷컴www.salary.com이 내놓은 자료를 보면 전업주부들은 가정부와 요리사, 보육시설 교사, 세탁소 운영자, 밴 운전사 등 모두 10가지 직업을 가지고 있으며 주당 노동 시간도 92시간에 이르는 것으로 나타났습니다.

이러한 가사노동의 가치를 연봉으로 환산하면 13만 8095달러에 달한다고 하는데 여기에 주당 52시간의 초과근무수당까지 감안하면 전업주부의 연봉은 16만 4337달러(약 1억 7000만 원)로 상승

합니다.

우리나라의 경우 2002년 생활시간조사 결과에 근거해 윤소영 교수가 제시한 전업주부의 평균 월소득은 240만 원, 연봉으로 치면 2880만 원에 해당합니다. 가사노동은 주 5일제가 아니라 한 달 내내 쉬지 않고 이어지기 때문에 법원에서 결정한 전업주부의 월소득 145만 원보다 많게 계산한 것이지요.

그러니까 집에 있는 엄마는 그냥 있는 것이 아니라 밥하고 빨래하고 청소하고 시장보고 아이들의 교육을 전담하고 미래를 설계하며 때론 병을 앓고 있는 가족을 돌보고 있지만 사회적으로는 그 가치를 제대로 인정받지 못하고 있는 게 현실입니다.

'돌봄노동'은 여자만의 몫이 아니다

아이를 키우는 일은 한 개인의 문제가 아닙니다. 아이를 키우는 일은 공공재의 성격을 갖습니다. 아이가 자라 직업을 갖게 되면 세금을 냅니다. 어른으로 자란 아이가 내는 세금에 의해 이 나라는 돌아갑니다. 하지만 사람들은 그 아이를 어른으로 키우는데 들어간 부모들의 노력과 비용에 대해서는 생각하지 않습니다.

한 나라의 현재 인구 규모를 유지하기 위해서는 출산율이 2.1명 이상이어야 합니다. 하지만 우리나라는 1990년대 이후로 출산율이 급격히 떨어지기 시작하면서 현재는 1.2명 수준을 유지하고 있습니다.

아이를 낳지 않는 이유는 무엇일까요? 자신의 일을 우선으로 고집하는 이기적인 여자들이 늘어나서일까요? 그런데 아이를 잘 키우기 위해 직장을 버린 여성들조차 두 자녀를 낳는 것은 꺼려합니다. 양육에 들어가는 비용이 너무나 커져버렸기 때문입니다. 한 아이를 대학까지 보내는데 드는 비용이 2억 정도 든다는 보도가 있었으니까요.

돌봄노동을 사회가 나서야 하는 이유도 여기에 있습니다. 개인의 이기심으로 돌리기에는 치러야 할 비용이 너무 큽니다. 우선 여자들의 몫으로 던져놓은 돌봄노동을 남성들도 공평하게 나누어 해야 합니다. 사회와 국가는 돌봄노동에 대한 배려와 정책을 펼쳐야 합니다. 이를 수십 년 동안 잘 이끌어 온 외국의 사례를 살펴봅시다.

아동수당을 지급하는 스웨덴

스웨덴에서는 자녀가 있는 가정과 없는 가정 사이에 생활 상태의 격차를 줄이기 위해 가족에 대한 재정적 지원을 합니다. 우선 모든 아동들에게 아동수당이 지급됩니다. 기본적으로 16세 이하의 아동에게 매달 13만 8000원이 지급되고 세 자녀 이상을 둔 가족에게는 추가아동수당이 지급됩니다.

임신을 하게 되면 임신수당, 부모수당, 임시부모수당 등 세 종류의 부모보험이 수당으로 지급됩니다. 임산부가 임신으로 일할 수 없을 때 지급되는 임신수당은 최대 50일 동안 수입의 80퍼센트를 받습니다.

부모휴가수당은 480일 동안 지급되며 390일 동안은 부모 수입의 80퍼센트가 지급되고 나머지 90일 동안 매일 9000원씩 지급됩니다. 저소득 부모나 수입이 없는 부모는 최소한 매일 2만 2000원을 받습니다. 이때 480일 동안의 수당지급기간은 부모가 공평하게 나눠서 받습니다. 1974년 이 제도가 시작된 이래 아버지가 부모휴가를 사용하는 비율이 꾸준히 증가해 1974년 3퍼센트에서 2001년에는 13.8퍼센트로 증가했습니다.

임시부모휴가는 질병이 있는 12세까지의 아이를 돌보는 부모가 받는데 매년 120일 동안 수입의 80퍼센트가 수당으로 지급됩니다. 2001년도에는 아버지들이 임시부모수당 수혜자의 41퍼센트를 차지했습니다.

스웨덴의 아버지들은 아이가 출생하면 10일의 임시부모휴가 temporary parental benefit 'Dad's days'를 받습니다. 아버지는 이 휴가를 새로 출생한 아이를 돌보거나 다른 자녀를 돌보는데 사용할 수 있습니다. 1974년 부모휴가가 시작된 이래 아버지들이 좀더 적극적으로 아버지 역할을 할 수 있도록 다양한 선택사항을 제공하고 있으며 그 결과 아이가 출생한 후 휴가를 받는 아버지가 꾸준히 증가하고 있다고 합니다.

마지막으로 자녀가 있는 세대주에게 주택 가격과 자녀의 수에 따라 주택수당 지급합니다. 자녀가 있는 스웨덴 가정의 30퍼센트 정도가 주택수당을 받습니다.

스웨덴은 국가사회보장위원회가 앞장서서 돌봄노동이 아버지들과 공평하게 나눠질 수 있도록 홍보활동과 정보를 제공해 남자들의 의식을 변화시켰습니다. 그리고 가족의 양육활동에 대한 정책적인 배려와 함께 경제적인 보상도 합리적으로 이루어지고 있어 부러울 따름입니다.

프랑스는 가족정책도 예술이야

프랑스에서는 10개월 이상 일한 여성은 16주의 휴가를 받을 수 있고 봉급의 최대 84퍼센트를 받습니다. 1년 이상 같은 고용주 밑에서 일했다면 무급부모휴가를 연장하거나 아이가 세 살이 될 때까지 봉급을 적게 받는 대신 근무시간을 줄일 수 있는 권리가 있습니다.

여성은 임신을 하게 되면 지역 보건소에 등록해 정기적으로 검사를 받고 모성수당을 받습니다. 프랑스어를 잘못하거나 국가의 서비스를 어떻게 받을 수 있는지 모르는 이민자 가정을 돌보기 위한 특별한 서비스도 있습니다.

프랑스는 6세부터 시작되는 1학년 이전 단계의 학교는 의무가 아니지만, 3~5세의 거의 모든 아동이 부모가 일을 하든 안 하든 상관없이 그 학교에 다닙니다. 아이들이 학교에서 지내는 시간은 하루에 6시간을 넘지 않는데 필요하면 더 오래 있을 수 있고 싼 가격으로 '방과 후 보육' 서비스를 이용할 수 있습니다.

이 유치원의 보육교사는 초·중등교사와 같은 수준을 임금을 받으며 공무원으로서 안정된 신분과 여타 수당을 보장받습니다. 때문에 이직률이 낮습니다.

프랑스에서 이러한 유치원을 운영하는데 드는 비용은 학생 1인당 초등학교와 비슷하지만 프랑스 사람들은 이 유치원을 지지한답니다.

"우리 아이들은 우리의 가장 훌륭한 자원"이라고 믿는 그들에게 프랑스인들의 굳건한 연대의식을 느낄 수 있습니다.

행복한 가정을 위해 함께하는 돌봄노동

스웨덴과 프랑스, 두 나라의 가족정책은 주로 육아에 초점을 두고 있지만 사회적 배려가 필요한 돌봄노동에는 장애아나 환자, 노인 수발도 있습니다. 이 경우 보통은 가족 중 가장 착하고 힘없는 사람에게 그 부양의 짐이 지워지고 그 대가를 지불받지 못합니다.

돌봄노동은 정시 퇴근이 없고 끝없이 반복되며 그 가치를 인정받지 못하기 때문에 혹독한 직무에 버금가는 스트레스를 줍니다. 국가는 이런 돌봄노동에 대한 정당한 가치를 계산해 세금혜택이나 재정적인 지원을 아끼지 말아야 합니다.

기업에서는 아버지들이 육아휴직 기간 내 일정 기간을 아버지에게 할당하는 '아버지 할당제' 를 실시하고 돌봄노동을 수행하는 사원들이 불이익을 당하지 않도록 배려해야 합니다. 무엇보다도 아버지와 가족들이 돌봄노동에 동참해야 합니다.

공간에 따른 가사노동

그러면 가정에서 일상적으로 이루어지는 가사노동을 공간별로 분류해볼까요. 4인 가족을 기준으로 방 3개, 화장실 2개, 거실과 주방 및 베란다를 중심으로 한 활동과 그에 따른 가사노동의 목록을 작성했습니다. 누가 하면 좋을까요?

구분	하는 일	가사노동	누가 하면 좋을까?
거실	텔레비전 시청 전화 받기 손님 접대 식사 및 가족 오락	전자제품 관리 정리정돈 청결유지	
거실 베란다	화분 가꾸기 빨래 건조 물건 보관	화분 관리 빨래 널기, 걷기 창고 정리 바닥 청결 유지 재활용품 내놓기	
주방	식료품, 식기 보관 요리 식사 쓰레기 처리	식사 준비 설거지 냉장고 정리 음식물 관리 쓰레기 치우기	
주방 다용도실	식품 보관 주방 기기 보관 세탁 재활용품 임시 보관	식품 보관하기 주방기기 정리 바닥 청소 세탁	
안방	부모님 침실 텔레비전 시청 다림질 옷 갈아입기	침구 정리 정리 정돈 다림질	
작은 방 (내 방, 동생 방)	공부하기 잠자기 책보기 컴퓨터 옷 갈아입기	책상 정리 방 청소 옷, 침구 정리 컴퓨터 관리 휴지통 비우기	
화장실, 욕실	씻기 용변 세탁	바닥, 변기 청소 손빨래 목욕용품 정리 휴지통 비우기	
현관	출입하기 신발 신기	문단속하기 신발 정리 청결 유지	

목록을 작성해보니 가사노동이 끝도 없이 이어지는 무한 반복 노동이라는 걸 알 수 있지요. 조금만 배려하면 엄마와 가족 모두가 더욱 행복해질 겁니다.

노동 ❽

고통받는 이웃, 이주노동자

2007년 3월 17일 서울의 한 주상복합아파트 신축 공사현장에서 화재가 났습니다. 1명이 죽고 60여 명이 다친 아주 큰 화재였습니다. 불이 나자 유독가스와 불길을 피해 옥상으로 대피해 있던 4명의 몽골인 이주노동자들은 미처 대피하지 못한 한국인 노동자들을 11명이나 구했습니다. 구조 헬기와 사다리가 도착했을 때는 실신한 한국인 노동자들을 안전하게 먼저 구조가 될 수 있게 도움을 주었습니다. 이들의 이름은 바타, 바트텔거, 곰보수레, 삼부입니다.

■ 인권을 무시한 불법체류자 단속에 항의하는 한 이주노동자. 1990년대 초 '코리언드림'을 안고 들어오기 시작한 이주노동자들은 80만 명을 넘었다. 이들은 구인난이 심한 3D업종에 많이 종사하며 우리 사회의 한 구성원으로 자리 잡아 가고 있다.

이들 4명의 몽골인 노동자들도 유독가스를 마셔 병원에 입원해 치료를 받았는데 이상한 일이 벌어졌습니다. 다음날 새벽에 이들 모두 병원에서 도망을 간 것입니다. 이들은 모두 불법체류 이주노동자였던 겁니다. 범죄자도 아닌데 단지 불법체류자라는 것이 밝혀지면 붙잡혀 강제출국을 당해야했기 때문입니다.

외국인 노동자인가 이주노동자인가

'3D업종' '임금체불' '인권침해' '때리지 마세요' '불법체류'라는 단어를 들으면 여러분들은 무엇이 떠오르나요? 아마 우리 모두가 이주노동자를 떠올릴 것입니다. 아주 쉽게 이주노동자들이 떠오른다는 것은 이들이 우리 사회에 일정한 부분을 차지하고 있다는 것이고, 다른 한편으로는 이주노동자들이 아주 열악한 조건 속에 일하며 생활하고 있다는 것을 의미하고 있는 것입니다.

2008년 현재 우리나라에 들어와 있는 외국인이 100만 명이 넘고 그 가운데 이주노동자들은 80만 명이 넘는다고 합니다. 이주노동자들이 우리 사회에 많이 들어오게 된 것은 1990년대 초부터 아시아 지역의 노동자들을 받아들이게 되면서 시작이 되었습니다. 아시아 지역의 노동자들이 우리나라에 처음 들어오기 시작했을 때 우리는 이들을 '외국인 노동자' 라고 불렀어요. 그 이전에도 이른바 '잘사는 나라' 에서 온 외국인들이 학원이나 회사에서 일하고 있었습니다. 하지만 그들을 '외국인 노동자' 라고 부르지는 않았습니다. 그 사람들도 외국인으로서 우리나라에 와서 일하고 있기 때문에 분명히 외국인 노동자들인데도 말입니다.

여러분도 분명 외국인 노동자라고 하면 우리나라보다 못사는 나라에서 돈을 벌기 위해 들어와 적은 돈을 받고 힘들고 어려운 일을 하는 사람들을 떠올릴 것입니다. 외국인 노동자라는 말은 노동자보다는 '국적' 을 강조하는 말입니다. 외국인 노동자라는 말에서 '외국인' 이라는 단어에는 우리나라보다 못사는 나라 사람이라는 차별하고 무시하는 부정적인 의미가 있어왔습니다. 지금은 차별적인 의미의 외국인 노동자가 아니라 새로이 '이주노동자移住勞動者'라고 부릅니다. 이주노동자라는 말에는 '권리를 가진 노동자'라는 의미가 강조되고 있습니다. '일을 하기 위해 다른 나라로 옮겨온 노동자'라는 말입니다. 그래서 우리나라보다 잘 사는 나라에서 왔든지 아니면 못사는 나라에서 왔든지 구분하지 않고 우리나라에 돈을 벌기 들어온 노동자를 이주노동자 혹은 외국인 이주노동자라고 부릅니다.

한국에 온 아시아 이주노동자

우리나라에 아시아 지역의 이주노동자들이 들어오게 된 계기는 1986년 서울 아시안게임과 1988년 서울 올림픽으로 우리나라가 세계에 널리 알려지면서부터입니다. 이때부터 빠른 경제성장으로 눈부시게 발전해 잘사는 나라라는 인식이 퍼지면서 우리나라보다 경제적으로 어려운 아시아 지역의 나라 사람들이 많은 돈을 벌수 있다는 꿈, '코리언드림'을 가지고 우리나라로 들어오게 됩니다.

우리나라보다 경제적으로 어려운 아시아 나라에서도 많은 인구와 가난과 실업 등이 사회문제가 되어 어떻게든 이를 해결해야 할 처지였습니다. 그렇지만 이런 문제를 국내적으로 해결할 능력이 별로 없었습니다. 결국 이들 나라는 자신들 나라의 노동자를 다른 나라로 파견하여 돈을 벌어오게 하는 방법을 택하였고 그리고 이들 나라의 노동자들도 한국에서 고생은 하더라도 짧은 시간에 많은 돈을 벌수 있을 것이라는 생각이 서로 맞아떨어지게 된 것입니다.

우리나라에서도 사람들이 경제성장으로 생활수준이 올라가고 윤택한 생활을 하게 되면서 공장에서 힘든 일을 하는 것을 기피하게 됩니다. 그리고 좀더 편하게 일할 수 있는 서비스업과 정보통신산업이 성장이 하면서 이와 관련된 직업으로 사람들이 많이 옮겨가게 되면서 보수도 적으면서 어렵고^{Difficult}, 더럽고^{Dirty}, 위험한^{Dangerous} 일, 즉 3D 관련 중소업체에는 일할 사람을 구하기 어렵게 되었습니다. 상황이 이렇게 되자 3D업종에서 일할 사람을 국내에서 찾지 못하고 눈을 바깥으로 돌려 우리나라보다 경제적으로 어려운 아시아 지역의 노동자들을 들여오기로 결정을 하게 됩니다. 이러한 현상들은 경제성장을 이룩한 나라들에게서 나타나는 현상들입니다. 결국 서로의 이해가 맞아 떨어져서 이주노동자들이 우리나라에 들어오게 된 것입니다.

처음에는 이들 이주노동자들이 우리나라에 관광을 목적으로 들어오거나 중국 동포인 경우 친지 방문을 목적으로 들어와 돌아가지 않고 몰래 취업하게 되면서 불법체류자가 되기 시작했습니다. 그러나 계속되는 산업현장에서의 인력난으로 1991년 외국인 산업연수생제도와 2004년 고용허가제가 만들어지면서 본격적으로 많은 아시아 지역의 이주노동자들이 들어오기 시작을 했습니다.

불법체류자가 된 이주노동자들

아시아 지역 나라에서 코리언드림을 안고 온 이주노동자들이 우리나라에서 일할 수 있는 기간은 3년이었습니다. 3년이 지나면 자신들의 나라로 돌아가야 했습니다. 만약 돌아가지 않으면 불법체류자가 되고 단속으로 붙잡히게 되면 본국으로 강제 송환되었습니다. 하지만 이들 이주노동자들은 3년 만에 돌아갈 수가 없는 상황이었습니다.

이주노동자들은 한국에 오기 위해 300만 원에서 1000만 원 정도의 많은 빚을 지고 들어오거나 아니면 집안의 전 재산을 다 팔아야 했습니다. 한국이라는 나라에 가서 몇 년 고생하면 많은 돈을 벌어올 수 있다는 소문이 퍼지면서 많은 지원자들이 몰렸기 때문입니다. 이러다 보니 노동자들을 모아서 한국으로 보내는 과정에서 중개인들과 관련 단체에서는 불법적으로 많은 돈을 요구하는 일이 생겼습니다. 결국 이들은 많은 빚을 지거나 집안의 재산을 팔아 돈을 마련해 한국에 들어왔습니다. 물론 이들은 몇 년 고생하면 이 빚도 다 갚고 많은 돈을 가지고 고국으로 돌아가 가족들과 행복하게 살 수 있으리라고 생각했습니다. 그러나 이것은 한낱 꿈에 지나지 않았습니다.

우여곡절 끝에 우리나라에 들어온 이주노동자들을 기다리고 있는 곳은 기술을 배우기 위한 교육이나 훈련을 받을 수 있는 공장이 아니었습니다. 이들이 취직한 곳은 대부분 우리나라사람들이 기피하는 3D업종의 작업장이었습니다. 아주 힘든 일을 하면서 50~60만 원밖에 안 되는 적은 월급을 주는 중소업체에서 일하게 되었습니다. 그리고 이들을 더욱 괴롭히는 것은 일하고 생활하는 과정에서 공장 사장에게 상습적인 구타와 욕설, 감금 등의 상습적인 인권침해를 당해야 했고, 또 임금을 몇 달씩 주지 않거나 아예 일을 부려먹고도 돈 한 푼 주지 않고 그냥 쫓아내는 일도 생겨났습니다. 심지어는 같이 일하는 한국인 동료들로부터도 욕설과 구타, 그리고 심한 멸시를 받아야 했습니다. 이주노동자들이 가장 먼저 배우는 말 중에 하나가 "때리지 마세요!"라고 할 정도이니 그 심각성이 상당했습니다.

일하다 다치면 우리나라 노동자인 경우 사업주가 책임을 지고 치료를 해주어야 했지만 이들 이주노동자들은 치료도 못 받고 그냥 쫓겨나야 했습니다. 한국에 오기 위해 많은 빚을 진 상황에서 몸을 다쳐 더 이상 일도 못하고 장애를 얻고 자신의 나라로 돌아가야 하는 이주노동자들은 결국 절망에 빠져 스스로 목숨을 끊는 일도 생겨났습니다.

이러한 열악한 환경 속에서 일하는 이주노동자들은 현재의 작업장보다 더 좋은 곳으로 옮기는 것도 금지되어 있었습니다. 아무리 힘들어도 무조건 참고 일해야 했습니다. 이것을 견디다 못해 몰래 도망치면 불법체류자가 되어야만 했기 때문입니다. 그러나 이들이 온갖 어려움을 견디면서 3년 동안 하루에 15~16시간씩 일하며 돈을 벌어도 우리나라에 들어오기 위해 진 빚을 갚으면 아무것도 남는 것이 없었습니다. 3년이 지나 고국으로 돌아가야 할 시점이 되었을 때 빈손으로 돌아가야만 했습니다. 결국 이들이 선택할 수 있는 길은 작업장을 도망 나와 다른 작업장에서 불법체류자의 신분으로 일하며 다시 돈을 벌어야 했습니다.

이주노동자의 권익을 보호한다는 고용허가제는 '사업장 이동의 원칙적 금지' 때문에 이주노동자들의 노동권은 있으나마나 한 것이 되어버렸습니다. 임금 체불, 폭언과 폭력 등 기업주들의 부당한 처우에도 이주노동자들은 기업주의 허락 없이는 직장을 옮길 수 없기 때문인 것입니다. 고용허가제와 함께 실시된 강력한 불법체류자 단속은 이주노동자들을 불안 속에서 하루하루를 살아가게 했습니다. 단속반이 나타나면 공장에서 일하다가 다들 숨거나 산속으로 도망을 쳐야만 했습니다. 도망치는 과정에서 다치거나 목숨을 잃는 일까지도 발생하고 있습니다. 얼마 전에는 미처 피하지 못해 창틀 난간에 숨어 있다가 떨어져 다치고, 건물 옥상에서 옆 건물로 건너가다가 떨어져 숨지는 일도 있었습니다. 이들 이주노동자들이 단속반에 잡혀 우리나라에서 쫓겨나 자기 나라로 돌아간다는 것은 이들에게는 절망이고 곧 죽음과도 같은 일이기 때문입니다.

일은 여기서 끝나는 것은 아닙니다. 불법체류자로 살아가고 있는 이주노동자들이 비양심적인 사업주를 만나면 엄청난 고통을 겪게 됩니다. 불법체류자인지 알면서도 공장에서 몇 년 동안 일을 시킨 후 돈을 주지 않고 계속 미루다가 나중에는 아예 돈을 한 푼도 주지 않기 위해 단속반에게 신고해 잡아가게 만듭니다. 이것 역시 이주노동자들에게는 죽음과도 다를 바 없는 것입니다. 결국 이들은 출국 전에 아니면 강제로 출국되어 자신의 나라에서 자살하기도 합니다. 이렇게 상상하기 힘든 일들이 이주노동자들에게는 아주 흔한 일들이 되어버렸습니다.

외국인 노동자 짓밟는 어글리 코리안

임금이나 퇴직금 등을 못 받아 노동부 구제 절차를 밟는 불법체

외국노동자 짓밟는 '어글리 코리안'

"밀린 임금 주겠다" 부른후 불법체류자로 신고해 추방

'살인적 노동' 못이겨 도망간 미등록자 되레 고발까지

성폭행등 인권유린 사례
안산서만 한해 5,600여건

임금이나 퇴직금 등을 받지 못해 노동부 구제 절차를 밟는 불법체류 외국인 노동자에게 돈을 주겠다며 부른 후 경찰에 신고, 돈도 주지 않고 강제 출국시키는 비정한 한국 기업인이 국가 브랜드 가치를 떨어뜨리고 있다. '갈 곳 없는 불법체류자'라는 신분상의 약점을 교묘히 이용해 자기 욕심만 챙기는 일부 기업주들이 외국인 근로자들에게서 지탄받고 있는 것이다.

부산 모 제조업체에서 3년간 일하고 퇴사한 중국인 이주노동자 C(36)씨는 퇴직금 연수 산정과 관련해 업체와 합의를 보지 못한 채 체불이 계속 되자 부산지방노동청에 진정, 출석조사를 받기로 했던 하루 앞둔 지난 16일 업체 관계자는 '돈을 줄 테니 회사로 오라'고 했고 혼자 업체를 찾아간 C씨는 그만 경찰에 연행됐다. 업주가 미등록 노동자인 C씨의 약점을 이용해 경찰을 부른 것.

필리핀인 D(35)씨도 비슷한 경우다. D씨는 포항의 한 공장에서 2003년부터 2년간 일하다 '살인적인 노동의 강도'를 이기지 못해 미등록 노동자가 됐다. 임금 일부와 퇴직금을 받지 못한 D씨는 이후 대구지방노동청 포항지청에 진정했고, 지난해

"외국인 노동자 인권보호를"

외국인 노동자들이 20일 서울 종로 보신각 앞에서 단속 추방 중단 인권보호를 요구하는 시위를 벌이고 있다. /신상순기자

8월 조사를 받기 위해 노동청에 출석했다 함께 출석한 업주가 그의 미등록 사실을 출입국관리사무소에 고발해버렸다.

전국 외국인 노동자 관련 단체마다 이처럼 임금체불이나 폭행 등으로 고통받고 있는 외국인 불법체류자들의 피해 사례가 넘쳐나고 있다. 실제로 경기도 안산 이주민센터에 접수되는 임금체불과 폭행·성폭행 등 인권유린 사례는 한해 5,600여건에 이르고 있다.

부산외국인노동자인권모임의 한 관계자는 "미등록 노동자가 연행되면 더이상 권리구제 절차를 밟지 못하고 강제출국될 수 밖에 없다"며 미등록 노동자의 권리실현을 원천적으로 봉쇄하는 업주들의 행태를 비판했다. 노동부는 먼저 권리를 구제해준 뒤 출입국사무소에 알린다는 '선구제 후통보' 지침을 갖고 있는 반면 경찰과 출입국관리소는 업주의 신고만 있으면 무조건 미등록 노동자를 잡아가두는듯한 규정이

이를 부추기고 있다는 지적이다.

이와 관련, 출입국관리사무소의 한 관계자는 "출입국사무소 내에서도 권리구제 절차가 진행되는 등 사정이 있을 경우 강제퇴거가 아닌 자진출국명령을 내리도록 하는 지침을 정해놓고 있지만 외부기관인 경찰이 법에 따라 불법체류자의 신병을 인도할 경우 거부할만한 법적 근거가 부족하다"고 말했다. /대구=손성락기자 ssr@sed.co.kr
전국종합

■ 불법체류자 신분 때문에 불이익을 받고 강제출국 당하는 것에 대해 항의하는 이주노동자들.《서울경제》 2008년 1월 20일자.

류 외국인 노동자에게 돈을 주겠다며 부른 뒤 경찰에 신고, 돈도 안 주고 강제 출국시키는 비정한 한국 기업인이 국가브랜드 가치를 떨어뜨리고 있다.

'갈 곳 없는 불법체류자'라는 신분상의 약점을 교묘히 이용, 자기 욕심만 챙기는 일부 기업주들이 외국인 근로자들로부터 원성과 지탄을 받고 있는 것이다.

부산 모 제조업체에서 3년 동안 일하고 퇴사한 중국인 이주노동자 A(36) 씨는 퇴직금 액수 산정과 관련해 업체와 합의를 보지 못한 채 체불이 계속되자 부산지방노동청에 진정, 출석조사를 받기로 했다. 출석을 하루 앞둔 지난 16일 업체 관계자는 "돈을 줄 테니 회사로 오라"고 했고, 혼자 업체를 찾아간 A 씨를 그만 경찰이 연행해 버렸다. 업주가 미등록 노동자인 A 씨의 약점을 이용해 경찰을 부른 것.

필리핀인 B(35) 씨도 비슷한 경우다. B 씨는 포항의 한 공장에서 지난 2003년부터 2년 동안 일하다 '살인적인 노동 강도'를 이기지 못해 업체를 이탈, 미등록 노동자가 됐다.

임금 일부와 퇴직금을 받지 못한 B 씨는 이후 대구지방노동청 포항지청에 진정을 했고, 지난해 8월 조사받기 위해 노동청에 출석했는데 함께 출석한 업주가 그의 미등록 사실을 출입국관리사무소에 고발해 버렸다.

- 손성락, '외국노동자 짓밟는 '어글리 코리안'', 〈서울경제〉, 2008년 1월 20일자 요약 정리.

우리와 함께할 사회적 약자, 이주노동자

이주노동자들에게 일어나는 폭행, 폭언, 멸시, 임금체불, 강제추

방 등은 우리나라 사람들이 이주노동자들을 바라보는 잘못된 태도에서 생겨나고 있습니다. 먼저 못사는 나라에서 왔다는 이유만으로 우리나라 사람보다 열등하거나 미개하다는 의식이 우리들에게 깔려있기 때문입니다. 돈만 많으면 최고라는 생각과 우월의식으로 이주노동자들에게 함부로 대해도 된다고 생각하게 만드는 것입니다. 그리고 몇 년 쓰다가 돌려보내고 다시 새로운 이주노동자들을 받아들이면 된다는 생각은 이주노동자들을 하나의 인격체가 아니라 쓰고 버리는 소모품으로 생각하는 잘못된 생각입니다.

우리나라도 이주노동자의 아픈 역사를 가지고 있습니다. 일제강점기에는 많은 한국인 노동자들이 돈을 벌기위해 미국 하와이의 사탕수수농장으로 가기도 했고, 1960~1970년대에는 우리나라의 간호사와 광부들이 당시 서독으로 돈을 벌기 위해 가기도 했습니다. 이렇듯 똑같은 아픔을 지니고 있으면서 서로 상대방을 더 이해하고 배려해야 하는 것이 올바른 태도인데 단지 지금 우리들이 좀더 잘산다는 이유만으로 이주노동자들을 비하하고 우월의식을 가지고 대하고 있는 것입니다.

우리는 이주노동자들에게 적대적인 생각을 갖고 있기도 합니다. 그들이 우리들의 일자리를 빼앗아가고 있다고 생각해서 입니다. 하지만 이주노동자들은 한국인들이 일하지 않는 3D업종에 대부분 종사하고 있는 것뿐입니다. 이주노동자들은 우리나라 기업에서 필요해서 불러들인 것입니다. 다들 기피하는 3D업종의 종사자를 국내에서 찾을 수가 없었고 만약 우리나라 사람을 고용하려면 우리나라의 생활수준에 맞는 높은 임금을 지급해야 했던 것입니다. 이주노동자를 고용함으로써 이익을 얻는 것은 기업들입니다. 적은 임금에 높은 강도와 긴 시간의 노동을 통해 이전보다 더 많은 이익을 낼 수 있기 때문에 이주노동자가 필요했던 것입니다.

이런 일련의 과정을 들여다본다면 이주노동자들은 사회적 약자이고 우리 사회가 만들어낸 피해자입니다. 지금 우리나라 경제에서 이주노동자들은 일정한 역할을 하고 있습니다. 우리 사회의 한 구성원이 된 것입니다. 문제는 이들 이주노동자들에 대한 잘못된 시각과 태도를 갖고 있는 우리들입니다. 그들도 인간으로서 존엄과 가치를 가지고 우리와 똑같이 생각하고 행동합니다. 우리들의 인권이 침해당하면 안 되는 것과 마찬가지로 이주노동자들의 인권을 침해해서는 안 됩니다. 이주노동자들도 우리와 똑같은 사람이고 우리와 함께 이 땅에서 살아가야 할 사람들입니다.

 **맺음말**

아는 것이 힘이라는 말을 많이 들어보았을 거예요. 그런데 정말 아는 것이 힘이 될까요? 어른들이 아이들에게 공부하라고 부추기기 위해 만들어낸 말은 아닐까요? 그렇지 않습니다. 아는 것이 힘입니다.

즐겨 먹는 과자에 멜라민이라는 유해 물질이 들어 있다는 사실을 알게 되면 그 사실을 모르던 때와는 더 이상 같을 수 없습니다. 우리는 우리 입으로 들어가는 먹을거리에 어떤 것이 첨가되어 있는지에 대해 더 많은 관심을 기울이게 될 것입니다. 나쁜 먹을거리가 만들어지고 유통되는 일을 가만히 보고만 있지는 않을 거예요. 적어도 그 과자를 더 이상 즐겨 먹지 않게 되겠지요. 이런 행동들을 통해서 우리는 보다 안전한 먹을거리를 먹을 수 있게 됩니다. 알게 되자 세상이 달라지는 것이지요.

때때로 이런 질문을 받습니다. "예. 저는 멜라민이 들어가 있는 음식이 해롭다는 것을 알아요. 하지만, 저는 살던 대로 살고 있어요. 하나도 변한 것은 없어요. 그런데도 아는 것은 힘인가요?
좋은 질문입니다. 여기서의 문제는 스스로 안다고 생각하지만
정말 제대로 알고 있지 못하기 때문에 생겨나는 것입니다. 알되,
제대로 아는 것이 중요합니다. 제대로 아는 것은 사태의 진실을
정확하게 보려고 노력하는 것이며, 나의 삶과 관련하여 절실하
게 아는 것입니다.

지금까지 우리는 시장이 무엇인지 그리고 시장이 어떤 일을 잘
할 수 있고 어떤 일을 잘못하는지에 대해 알아보았습니다. 그리
고 집과 땅 문제나 노동 문제는 시장에만 맡겨서는 곤란하다는
이야기를 나누었습니다. 이밖에도 시장에만 맡기면 곤란한 것들
이 많이 있습니다. 환경이나 교육도 시장에만 맡기면 곤란한 것
들에 속하겠지요. 또 어떤 것이 있을까요? 여러분들이 스스로 찾
아보시기 바랍니다.

이 책이 여러분들이 세상을 보다 제대로 알아야겠다고 마음먹는

데 보탬이 될 수 있었기를 바랍니다. 선생님들도 더 열심히 공부
하면서 제대로 세상 알기를 위한 노력을 계속하겠다고 약속합니
다. 다음 이야기에서 다시 만날 때에는 우리 모두 생각의 키가
한 뼘쯤 쑥 자라 있을 것이라고 믿습니다.

1장 시장

1) '똘레랑스-일을 해도 가난한 사람들-2005년 최저임금 실태보고', EBS, 2005년 9월 9일 방송 중에서.

2) 최원형, '최저임금연대, 내년 최저임금 99만4840원 요구', 〈한겨레〉, 2008년 5월 30일.

3) 다음을 지키는 사람들, 『광용아, 햄버거 맛있니?』, 리좀, 2005; '햄버거 커넥션', 〈지식채널ⓒ〉, EBS, 2005년 11월 28일 방송 중에서.

4) '커피 한 잔의 이야기', 〈지식채널〉, EBS, 2005년 11월 7일 방송 중에서.

5) '국경 넘는 페어트레이드', 〈시사매거진 2580〉, MBC, 2006년 6월 25일 방송 중에서.

6) 이재훈, '기형얼굴 저소득층 어린이 웃음 찾아주기 인술 12년째', 〈서울신문〉, 2006년 3월 1일.

7) 〈뉴스9〉, KBS 1, 2006년 8월 23일 방송 중에서.

8) 송혜진, '"노동자의 아픈 손, 그냥 둘순 없어요" 국내 유일 손접합 전문 안산 '두손병원'', 〈조선일보〉, 2005년 6일 1일.

2장 부동산

9) 발레리 줄레조, 길혜연 옮김, 『아파트 공화국』, 후마니타스, 2007.

10) 차학봉, '아파트 공화국의 그늘' 〈조선일보〉, 2007년 2월 19일.

11) 이봉렬, '500만 원만 있어도 30평 아파트 산다', 〈오마이뉴스〉, 2006년 11월 13일 요약 정리.

12) 김진철, '임대·운영 모두 스스로 "주민이 주인"', 〈한겨레〉, 2004년 6월 30일 요약 정리.

13) 김영태, 『프랑스 주거복지정책 100년의 교훈』, 삼성경제연구소, 2006.

14) 이재명, '서민 울리는 법 이대로 둘건가 ⑤ '그림의 떡' 임대아파트', 〈한겨레〉, 2006년 10월 30일; 손낙구, '방치되고 있는 '21세기 베이징 원인들'', 〈프레시안〉, 2006년 11월 28일 정리 인용.

15) 유철종, '내전·가난에 뿔뿔이… '고려인 이산가족' 눈물', 〈중앙일보〉, 2007년 11월 1일.

3장 노동

16) 최병모 외, 『고등학교 사회』, 대한교과서, 163쪽; 오경섭 외, 『중학교 2학년 사회』, 디딤돌, 68쪽 요약 정리.

17) 캐서린 프라이어, 승영조 옮김, 『노동자의 권리』, 승산, 2007에서 요약 정리.

18) 최○○, '사회적 일자리는 최저임금 일자리인가요', 『최저임금 노동자 증언대』, 최저임금연대, 2007.

19) 여정민, '사람이 소중한 일터 2』 "철갑을 두르고 밥 짓는 그들"…학교 급식 조리원', 〈프레시안〉, 2007년 8월 16일.

20) 여정민, '사람이 소중한 일터 4』 정수기 판매·관리인, 〈프레시안〉, 2007년 9월 6일.